1870

Les Organisateurs de la Défaite

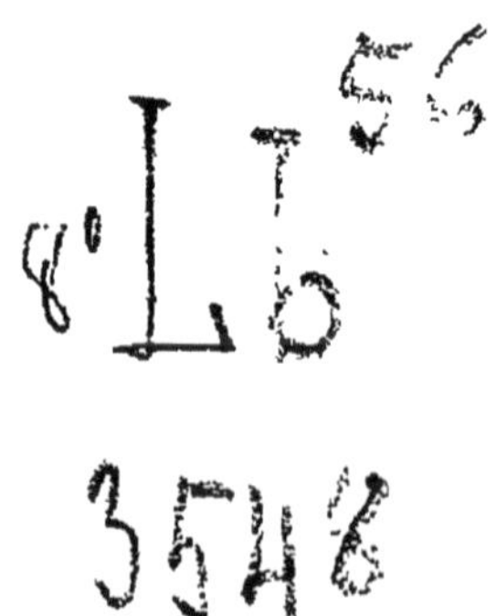

YVES DE CONSTANTI
et FÉLIX MARTY

— 1870 —

LES ORGANISATEURS DE LA DÉFAITE

Avec une Critique de M. N. LAVAL

PARIS
Librairie du XXe Siècle
25, rue Ducouédic, 25
—
1910

ERRATA

Page	25	ligne 22	au-lieu de	*fourni*	lisez	*promis.*
—	51	— 24	—	*frères*	—	*pères.*
—	90	— 6	—	*matérialistes*	—	*impérialistes.*
—	111	— 14	—	*forme*	—	*force.*
—	142	— 2	—	*pieusement*	—	*précisément.*
—	200	— 11	—	*dessin*	—	*dossier.*
—	208	— 11	—	*river*	—	*vider.*
—	222	— 15	—	*mit*	—	*prit.*

Ce livre s'adresse à tous les Français de bonne foi.

Nous l'avons soumis à un lettré, homme du monde, républicain convaincu.

Nous étions curieux de savoir ce qu'il penserait de ce petit ouvrage n'ayant d'autre prétention que d'établir les responsabilités du désastre sur les documents irréfutables inscrits au Moniteur. *Nous publions la réponse que M.-N. Laval adresse au Baron Yves de Constantin, car elle contient des aperçus ingénieux et curieux.*

En lisant cette lettre, le lecteur ne doit point perdre de vue, qu'elle est écrite par un adversaire de l'empire.

Du moins l'avons-nous convaincu des efforts clairvoyants de Napoléon III, pour mettre l'armée française en état de repousser toute attaque.

C'est là un résultat dont nous avons lieu d'êtrè fiers !

Mon cher ami,

Voici mon impression de premier jet sur la grave question que vous avez soulevée :

« Quels furent les organisateurs de notre défaite en « 1870 ? »

*
* *

L'abandon de l'Autriche à Sadowa fut de la part du gouvernement impérial la même faute que celle de l'habitant d'une maison sur pilotis qui laisse scier un de ses gros étais à l'approche d'une crue « pour ne pas « avoir d'histoires ! »

L'ordre de mobilisation de l'armée française en 1866 fut déposé en temps opportun à l'Imprimerie Impériale, puis retiré on ne sait par qui ?

Si les choses s'étaient passées ainsi à l'Imprimerie Nationale le 2 décembre, le « Prince-Président » n'eût connu ni Inkermann, ni Solférino.

La recherche des conditions dans lesquelles cet acte de mobilisation fut retiré peut intéresser l'érudition ; quelle que puisse être la solution du problème, elle laisse la responsabilité politique du souverain aussi intacte que pourrait l'être de nos jours celle de Guillaume II, s'il laissait passer pareille occasion pour l'Allemagne dans les mêmes conditions.

*
* *

Mais, du moins, l'erreur commise, l'Empereur, Rouher, le maréchal Niel la reconnurent entre eux et s'efforcèrent d'en conjurer les suites.

La sincérité de leur effort est indéniable ; elle fut abominablement méconnue. Soit.

Mais ne s'exerça-t-elle pas à contre sens ?

Je me rappelle encore les conclusions d'une brochure fort curieuse. Emanée d'une compétence (je prêtai ce travail, il y a fort longtemps et il ne revint pas au bercail) ; on y établissait, par les chiffres les plus péremptoires, avec preuves à l'appui, le bien fondé de l'allégation suivante :

Le total des effectifs et des ressources en matériel représentant le passage sur le pied de guerre de l'armée impériale fut masqué en très grande partie par l'utilisation que fit le Gouvernement de la Défense Nationale des levées de l'Empire, opérées jusqu'au bout par les Préfets de l'Empire et dont Gambetta hérita pour la plus grande part, quoique Trochu aussi y ait largement puisé.

A ce compte, l'insuffisance de nos effectifs et de nos ressources en matériel ne s'est pas manifestée « sur le papier » ni dans les dépôts ou dans les arsenaux comme elle le fit « sur le champ de bataille » ; si bien que le maréchal Lebœuf n'était ni un menteur, ni un incapable lorsqu'il déclarait que nous étions « prêts, archi prêts ; » il voulait dire que nous avions tout ce qu'il fallait pour l'être ; mais à la condition de disposer du temps dont nous avions besoin pour passer du pied de paix sur le pied de guerre, c'est-à-dire de l'éparpillement de nos moyens d'action à leur concentration — ce que le maréchal von Moltke ne lui permit pas d'effectuer ; tandis que le Gouvernement de la Défense Nationale hérita dans une certaine mesure de ces ressources dispersées et des levées tardives.

Il est infiniment probable que cette vue des choses emprunte sérieusement à la vérité.

A la guerre toutes les forces qui ne paraissent pas sur le champ de bataille ne comptent pas — témoin Grouchy à Waterloo et Vinoy à Sedan — mais il serait étrange d'en déduire que ces forces n'ont jamais été créées ; c'est déjà trop, s'il faut constater qu'elles n'ont servi de rien parce qu'elles furent disponibles trop tard.

Dans le cas présent, il convient sans doute d'accuser les habitudes prises au cours d'une série de guerres toutes menées comme des expéditions au dehors ; pour nous borner à la période du second Empire, citons la guerre d'Algérie, la guerre de Crimée, la guerre d'Italie, enfin Mentana et le Mexique, sans parler des guerres coloniales proprement dites, Liban, Cochinchine.

Sous les régimes antérieurs depuis la chute de Napoléon I, il en avait été de même.

Or des troupes toujours lancées en expéditions peuvent être d'une magnifique qualité guerrière, mais se trouver fort mal préparées par leurs habitudes militaires à repousser une invasion sur leur propre territoire, où l'on vient bousculer sur place toute l'organisation de leurs ressources.

Il y a là un élément de désordre profond, dont l'armée impériale, refoulée par les Allemands, ne sut jamais se dépêtrer.

Les mobilisations lentes ne supportent ni la défaite, ni l'invasion, qui les poussent au chaos.

Inversement, si toutes les réserves du groupe d'armées, dont Napoléon III avait assumé le commandement en chef, avaient pu rejoindre à temps, non seulement nos effectifs eussent été considérablement relevés, mais encore ces réserves, normalement encadrées dans une armée active de premier ordre, au point de vue combattant, eussent été d'un rendement militaire bien différent.

Les troupes de l'armée de Châlons engouffrée à Sedan, si elles avaient pris leur place régulière dans l'Armée du Rhin ou bien à ses côtés, auraient certainement fait preuve dans ce cadre d'une valeur effective dont la campagne de Châlons à Sedan ne saurait donner qu'une idée incomplète et déformée.

On peut en dire autant des troupes de Vinoy ramenées jusqu'à Paris, où elles firent cependant solide figure ; on pourrait le dire même de quelque partie de ces levées que le rouage mutilé de l'administration impériale continua automatiquement à fournir sous le régime suivant.

J'irai plus loin :

A voir comment la fortune fut balancée dans les combats entre l'Armée du Rhin et les armées allemandes : aujourd'hui nous le savons ! il est permis de supposer que l'appoint des forces ainsi perdues pour le second Empire eût fait tourner la chance en sa faveur. Pour ma part, j'ose le croire ; je ne suis pas seul à le penser aujourd'hui.

*
* *

Mais alors l'erreur militaire des grands chefs de l'Armée Impériale en présence des Prussiens fut exactement la même que celle des grands chefs de l'armée russe en présence des Japonais.

Nombre de ces esprits fermes et bien informés, qui ne succombent pas sous le poids du fait accompli, admettent que Kouropatkine ne se vantait pas lorsqu'il affirmait que l'armée russe, refoulée jusqu'à Moukden, était enfin prête !

Seulement la guerre était finie.

Canrobert, Randon, Napoléon III, Niel et à quoi bon en allonger la liste ! Toutes les compétences citées se montrent dans ce livre unanimes à ne pas avoir vu le plus grand danger ou il était, c'est-à-dire dans les lenteurs de la mobilisation.

La guerre d'Italie avait démontré que nous mobilisions encore en tâtonnant et en improvisant, comme du temps de la guerre de Crimée. (N'avons-nous pas recommencé pour l'expédition de Madagascar ?)

La bataille de Koeniggraetz, qui avait foudroyé la

mobilisation des alliés allemands de l'Autriche et coupé court à leur jonction avec les forces autrichiennes, avait prouvé, au contraire, dès le début de la campagne de 1866, que la Prusse mobilisait fort vite.

La portée de la leçon nous échappa, puisque les mêmes errements furent poursuivis de notre côté, à quelques retouches près.

C'est le retard d'une mobilisation par échelons qui nous a perdus, bien plutôt que les insuffisances en personnel et en matériel prévues depuis 1866 par les esprits les plus avertis et les mieux placés pour l'être.

Or, ce vice redhibitoire de notre organisation militaire, qui ne l'avait assurément pas empêchée de prospérer depuis Gouvion Saint-Cyr jusqu'à Lebœuf, mais qui se révéla brutalement à l'épreuve de l'invasion ; ni Canrobert, ni Niel, ni l'Empereur — ni l'opposition — ni personne alors, en France, ne lui attribuait son importance véritable, demeurée latente depuis Waterloo.

C'est que, pour expéditionner au dehors, l'école « débrouillarde, » celle qui supplée à la méthode dans les préparations par la fougue improvisatrice, l'école « du dernier moment » avait suffi à tout et victorieusement (comme, de nos jours, pour de nombreuses guerres coloniales soutenues par la troisième république. Voyez l'interminable guerre du Tonkin ! Ce fut le triomphe de la mobilisation par échelons, comme au Mexique).

Seulement, mise en demeure de défendre le territoire contre les méthodes allemandes, cette école débrouillarde fit faillite, malgré tous les avertissements du Destin.

L'aventure est du reste fort ordinaire.

Toutes les fois qu'une méthode de guerre innovatrice apparaît, que ce soit avec les archers anglais à Crécy ou bien avec les griffonneurs d'état-major, qui sont encore le ressort caché de la puissante machine de guerre allemande, les gens dont cette nouveauté dérange les habitudes d'esprit et de corps, chevaucheurs de Crécy ou brillants sabreurs d'Afrique à la Randon, refusent avec la même opiniâtreté de prendre des détails si secondaires au sérieux — jusqu'au jour où ils sont forcés, bon gré mal gré, de les prendre au grand tragique!

De redoutables combattants subitement mis aux prises avec des méthodes de guerre efficaces et nouvelles, passent par une période de désarroi pendant laquelle on vient à bout d'eux.

Cette défaillance se répètera encore dans l'avenir comme elle s'est déjà répétée dans le passé.

***

Auprès de la faute capitale des grands chefs de l'armée impériale, de très graves défauts, dont l'origine était du reste la même, perdent singulièrement de leur importance.

Depuis la seconde guerre d'Espagne (sous la Restauration) jusqu'à Sébastopol, l'habitude de mouvoir des masses s'était complètement perdue dans l'armée française, si alerte pour le maniement des détachements dont on use en expédition.

La nécessité d'opérer par secteurs autour de Sébastopol n'avait guère permis de rompre franchement — sauf à l'Alma — avec cet état d'esprit « fractionnaire », si j'ose m'exprimer ainsi.

Dans la seule de ces guerres avant 1870 où il ait fallu imprimer à des masses imposantes l'impulsion continue de mouvements à grande envergure, c'est-à-dire la guerre d'Italie, l'Empereur faillit être écrasé parce que Mac-Mahon n'arrivait pas — préludant ainsi aux lenteurs qui devaient le laisser glisser à l'abîme, lors de la marche de Chalons à Sedan.

Le général Bonnal a démontré qu'une des grandes raisons de Bazaine pour se cramponner à Metz avait dû résider dans son inaptitude à organiser l'écoulement d'une armée aussi forte que l'armée du Rhin sur la seule ligne de retraite qui lui demeura ouverte pendant quelque temps.

Sur le champ de bataille, ni Bazaine, ni Mac-Mahon, ni Canrobert ne se montrent plus si embarrassés, mais, la remarque en a été faite : sauf peut-être Palikao, immobilisé au Ministère de la Guerre, ceux de nos grands chefs d'alors qui étaient le plus capables de mener brillamment, comme Vinoy, les opérations d'un corps d'armé isolé, — fût-ce dans des conditions difficiles, — fléchissaient soudain, s'il leur fallait soutenir le poids de plusieurs corps d'armée ou bien coordonner leur marche entre eux, et leur stratégie, minée par la base, se prenait à vaciller.

C'est toujours l'écart entre la grande guerre, qui suppose de larges vues d'ensemble, et la guerre d'expéditions avec des détachements lancés au dehors ; c'est toujours le même « trou », le même défaut d'éducation première, qui reparaît sous toutes les formes dans les lacunes du haut commandement en 1870.

Quant à sa tactique, quoique Von der Goltz, dans un livre célèbre, ait sévèrement reproché à nos grands chefs en 1870 d'avoir été fâcheusement impressionnés, au point de vue militaire, par l'habitude de refouler devant eux des « ramassis », comme les Garibaldiens ou les guérillas mexicaines, n'en déplaise aux allemands si méthodiques! Nos combattants de Gravelotte, avec leurs allures de « va de l'avant », pouvaient parfaitement suffire à leur tâche, dans les conditions de l'armement à cette époque — si on avait été prêts ; c'est-à-dire si le même nombre d'hommes, pareillement équipés, avait pu être rassemblé *dès le premier choc.*

Pour approcher de cette conviction, il n'y a qu'à comparer les pertes des « vainqueurs » et des « vaincus » dans les batailles livrées aux approches du Rhin, quand la balance n'était pas rétablie en faveur des Allemands par les bandes de prisonniers qu'on intercepte le soir, à la fin d'une déroute comme celle de Frœschwiller.

Même en poussant chacun devant soi, comme à Solférino, si les vainqueurs de Sébastopol et de Magenta n'avaient succombé en détail et si l'armée impériale n'avait été battue par tronçons ! En masse, le morceau était trop dur à avaler. Il ne passait plus.

En résumé la défaite des armées impériales fut celle de jouteurs imprudents qui prennent leur temps pour se rendre en champs clos, par groupes, trop habitués à se fier sur la « furia francese » qui emporte tout — toujours la vieille charge à la gauloise contre les légions romaines, aux marches calculées, aux formations savantes ! — tandis que la victoire des allemands fut une victoire d'ingénieurs, du reste intrépides à leur manière.

Sans cela, ils n'auraient pas tenu.

*
* *

Mettez en balance un autre élément prêt à basculer et vous obtenez le mécanisme du désastre.

Les générations qui se sont succédées en France depuis 1871 n'ont plus aucune idée de l'état d'esprit des générations antérieures dans ses rapports avec la politique extérieure.

En 1870, Waterloo était plus vivant dans les esprits que Sedan en 1910 ; au bout d'un demi siècle écoulé, Napoléon III avait encore trouvé de l'écho dans l'esprit public en déclarant qu'il « détestait les traités de 1815 » et le regret des « frontières naturelles » persistait assez fort pour maintenir de l'autre côlé du Rhin la popularité de la *Wacht am Rhein* : de notre côté, celle de ce merveilleux persiflage du moins militaire de nos poètes : « Nous l'avons eu, votre Rhin allemand !... il a tenu dans notre verre... »

Ajoutez enfin un souvenir, bon à mettre aujourd'hui au Musée de l'Armée : sous aucun des régimes qui se sont succédés en France, de Waterloo à Sedan — sous aucun ! — l'opinion publique n'a admis une heure que, selon une expression célèbre, il pût « se tirer un « coup de canon en Europe sans notre permission. »

Il suffit de citer la prise du Trocadéro, celle de la citadelle d'Anvers, les soulèvements demandant notre intervention en faveur de la Pologne en pleine révolution de 1848 et l'expédition Romaine, pour montrer que les guerres victorieuses du second Empire ne faisaient que dérouler une tradition nationale ininterrompue, ellè-même bien plus vieille que les guerres de la Révolution et de l'Empire, puisqu'elle datait de la politique poursuivant l'abaissement de la maison d'Autriche.

L'attitude souffreteuse de notre diplomatie depuis 1871 — attitude avec laquelle nous rompîmes pour la première fois lors de l'incident de Casablanca — et le penchant intime de notre âme contemporaine qu'elle trahit, nous mèneraient tout droit à un anachronisme si nous nous oubliions jusqu'à envisager l'incident Hohenzollern avec un état d'esprit qui ne prévalut en France qu'au bout de quatre démembrements : le premier représenté par la perte de notre empire colonial sous Louis XV, le suivant par les amputations légalisées en 1814, le troisième par les traités de 1815, enfin le dernier en date par la séparation de l'Alsace et de la Lorraine.

Une impulsion plusieurs fois séculaire de l'esprit public, aujourd'hui amortie, mais jusqu'alors aussi profondément ressentie par toute les formes successives de l'opposition que par toutes les formes successives du pouvoir, nous poussait encore en 1870 « à ne pas nous « laisser marcher sur le pied. »

C'est ce qu'on appelait alors le « chauvinisme » !

Si, pour soutenir les impulsions de cet état d'âme Louis Quatorzien contre Moltke ou bien Ymagata, l'on ne dispose que d'une mobilisation par échelons, le résultat se solde par les désastres de Bazaine, de Mac-Mahon, de Bourbaki, par les batailles du Yalou ou la bataille de Tsoushimâ — et cela donne comme contre partie, afin de rester dans les traditions de la race, les cuirassiers de Reichshoffen, les charges du calvaire d'Illy, les retraites à la Moreau de Chanzy et la retraite lente et serrée des Russes jusqu'à Moukden, fidèle image de la formidable retraite de Koutouzow à travers Moscou après Borodino.

*
* *

Voilà comment j'aperçois l'armature du désastre impérial et le point sur lequel elle a cédé.

*
* *

J'ajouterai loyalement qu'à mon humble avis la lutte sourde pour la suprématie qui se poursuivait entre la Prusse et la France depuis le Traité de Villafranca, ainsi que les projets de Bismarck, bien antérieurs, commè nous le savons par ses mémoires, tout cela eût suivi pleinement son cours sous n'importe quel régime maître du gouvernement en France durant ces années climatériques ; car Bismarck aurait fait le coup de la dépêche d'Ems (ou l'équivalent) aussi bien qu'à Napoléon III, au comte de Chambord, au comte de Paris, au parti républicain surgi plus tôt au pouvoir, voire à quelque représentant du n'importequisme, un autre Boulanger ayant fait Prim.

Bismarck l'aurait fait parce qu'il en avait besoin, pour proclamer le nouvel Empire d'Allemagne, comme il le fut à Versailles, au bruit des canons allemands du siège tonnant cette fois pour une salve de gala.

Or, abstraction faite d'accidents politiques, qui passent à l'état secondaire, le régime, quel qu'il fût, qui eût existé en France au moment de l'incident qui aurait pu prendre la place de l'affaire Hohenzollern, ce régime se serait trouvé sous le poids des mêmes antécédents militaires, des mêmes traditions diplomatiques, des mêmes exigences de l'esprit public d'alors, se traduisant par des obstructions constitutionnelles, par des mouvements de presse, par des susceptibilités de la dernière heure, sensiblement analogues à ce qu'elles furent, attendu qu'elles ont été tout ce qu'elles pouvaient être, au bout du temps écoulé depuis Waterloo.

En effet quels avaient été, en 1815, « les Quatre » de la « Sainte Alliance? »

L'Angleterre, la Russie, la Prusse, l'Autriche. Personne ne l'avait oublié, ni eux, ni nous.

Nos règlements de compte avec l'Angleterre et la Russie avaient été arrêtés simultanément en Crimée.

Nos comptes avec l'Autriche avaient été réglés en Italie.

Restait le litige Prussien, le plus grave de tous, à cause des « frontières naturelles ».

A la dernière de ces échéances où l'on paye en bataillons de mille hommes, comme un commerçant paye en billets de mille francs, la France, prise de court, n'eut pas assez de monnaie sur elle pour solder la traite à présentation (solder, soldats).

D'où protêt, saisie et même, en Alsace-Lorraine, expulsion.

Ce n'est pas ainsi qu'on écrit l'Histoire, mais c'est ainsi qu'elle se fait.

*
* *

1870 a été la fin d'un monde — c'est même pour cela que la guerre est si loin de nous — la fin de la politique « d'intervention », celle qui avait fait de la France l'arbitre de l'ancien équilibre européen et, au moment où allaient sombrer des traditions nationales qui dataient de nos vieilles guerres d'Italie — celles de Charles VIII, de Louis XII, de François Ier — ce n'est pas sans à propos que le duc de Grammont, ministre des Affaires étrangères, fit planer une dernière fois sur le conflit l'ombre de Charles-Quint.

Le présent est un moment, que le passé pousse vers l'avenir.

Cordialement à vous, mon cher ami.

N. LAVAL.

AVANT-PROPOS

Nous avons essayé, dans ce modeste ouvrage, de démontrer combien l'histoire du second Empire fut travestie, et, à l'aide d'irréfutables documents, détruire la légende, un instant confondue dans l'Histoire.

La guerre de 1870, qui servit admirablement les desseins des républicains, fut, on peut le démontrer, l'œuvre des ennemis de l'Empire.

Napoléon III a subi la défaite, mais celle-ci, il l'avait prévue, au lendemain même de Sadowa, et déjà, il signalait dans le discours du trône, le 14 février 1867, les dangers dont nous étions menacés.

Hélas ! à cette époque, comme à l'heure actuelle, on pensait que la guerre n'était plus chose possible.

Le peuple, habilement travaillé dans les clubs démagogiques, s'endormait lentement dans les rêves humanitaires, quand soudain, il fut réveillé par le bruit sinistre du canon allemand.

Les républicains, après avoir préparé la défaite de la France, firent une révolution devant l'ennemi; mais, ils n'osèrent jamais la faire ratifier par le peuple directement consulté.

Eux, qui furent les auteurs responsables de nos malheurs ; eux, qui poussèrent à la guerre, après avoir désorganisé les forces vives de la nation, osèrent, ensuite, proclamer cyniquement que l'Empire était responsable des désastres de l'année terrible !

Nous allons démontrer, documents officiels en main, la fausseté de leurs accusations ; il nous sera tout aussi facile de les réduire à néant que d'établir la mauvaise foi des républicains qui ne triomphèrent que par la calomnie et par l'imposture.

— 1870 —

Les Organisateurs de la Défaite

MENSONGES RÉPUBLICAINS

« Napoléon III pour raffermir sa dynastie ébranlée, déclara la guerre à la Prusse. »

C'est ainsi qu'on a appris l'Histoire aux générations nées sous la République, et, qu'on imprime dans des livres, les calomnies les plus viles, les insinuations les plus perfides contre le souverain qui au contraire, prévoyant les catastrophes, dont le pays était menacé, fit tous ses efforts pour l'en préserver.

Les adversaires du régime impérial eurent, vis-à-vis de Napoléon III, la même attitude que les audacieux picpockets qui crient « au voleur ! » après avoir dévalisé leurs victimes.

La foule, toujours crédule et ignorante, accepta, comme vérités indiscutables, les mensonges des parlementaires, et, porta aux pavois, les bohêmes, les va-nu-pied et les sans-patrie qui formaient sous l'Empire la fameuse opposition républicaine.

Mais, aujourd'hui, on finit par s'apercevoir, que la vérité historique fut soigneusement cachée aux générations nouvelles.

Les esprits impartiaux sont obligés de reconnaître, que les manuels d'histoire sont pétris de mensonges ; et, chaque jour jette une clarté nouvelle sur une époque mal connue, parce que les hommes du régime actuel n'avaient aucun avantage à la faire connaître.

Il est faux que l'Empereur ait voulu la guerre dans un intérêt dynastique.

Le prétexte que l'on fournit ne résiste à aucun examen sérieux.

Que craignait Napoléon III ?

Sa popularité allait grandissante, malgré l'opposition orléano-républicaine ; le peuple dans le plébiscite de juillet 1870 lui votait un ordre du jour de confiance, signé non pas de 200 parlementaires comme cela se passe de nos jours, mais par plus de 7.000.000 de suffrages.

L'empereur n'avait donc pas besoin de déchaîner

une guerre pour conquérir une popularité qu'il possédait déjà.

Les Simon, les Grévy, les Picard, les Magnin, en un mot, la bande de vautours, qui vinrent planter leurs griffes crochues dans les chairs saignantes de la patrie mutilée, furent les seuls responsables des tristes événements qui mirent la France à deux doigts de sa perte.

A leurs yeux, ou du moins pour les besoins de leur cause, l'Empereur était un incapable ; l'Impératrice, une frivole ; tout juste, si on ne salissait pas la jeune et noble figure du prince Impérial !

Mais quelques années plus tard Gambetta n'oubliant pas cette innocente victime, priait le lieutenant anglais Carrey de creuser la tombe du petit prince dans les terres lointaines du Zoulouland...

Les misérables ! Ils s'attaquèrent à tout ce qui était respectable ; ils vomirent des flots d'injures sur tout ce que la France d'alors, vénérait ; ils anéantirent, dans un lâche assassinat, les espérances de tout un peuple !

Et plus tard, eux, qui avaient fourni au pays un *régime d'austères vertus*, selon le mot de Jules Ferry, ne lui apportèrent en présents, qu'un Wilson trafiquant de la Légion d'Honneur ; qu'un Rouvier se vautrant avec 104 de ses collègues républicains dans l'or et la boue du Panama ; qu'un Dreyfus condamné pour le plus abominable des crimes et grâcié néanmoins par un gouvernement de traîtres !

Eux ! qui osèrent attaquer la conduite de l'Impératrice, devaient plus tard transformer nos palais nationaux en maisons borgnes et faire de nos ministères et de l'Elysée des maisons de passe ou se donne rendez-vous, l'aristocratie républicaine, représentée par Briand de Saint-Nazaire, Humbert l'ancien garde des sceaux et d'escrocs, Rouvier du Palais-Royal, Gertrude de l'affaire Syveton et enfin l'héroïne du jour, la « Meg » de l'impasse Ronsin !

Les voilà ! les gloires promises, les vestales de la république !

Que ce régime actuel les garde ; nous n'en sommes pas jaloux, car elles servent d'enseigne à la maison.

Quant à la seconde calomnie lancée contre l'Empereur, qui, selon ses adversaires, ne fut qu'un imprévoyant et un incapable, nous allons voir, une fois encore, de quel côté se trouve le mensonge : l'étude de ce point capital, sera l'unique objet de ce modeste ouvrage.

UNE FÊTE A SAINT-CLOUD

C'était fête intime à Saint-Cloud, le 10 juillet 1866. Dans les salons brillamment illuminés une foule élégante se pressait.

Autour de l'impératrice, un cercle s'était formé et, parmi les personnages les plus empressés, on remarquait surtout S. E. l'ambassadeur d'Autriche. Cependant, malgré les valses entraînantes de Strauss, malgré l'animation des danseurs, un vent de tristesse et de préoccupation semblait souffler sur le monde officiel.

Avec son admirable talent, Mlle Adelina Patti dont la rentrée aux *Italiens* avait été suivant Théophile Gauthier, le grand événement de la saison, Mlle Adelina Patti chante la romance de *Linda di Chamounix*.

Tandis que les applaudissements éclataient et que

les compliments les plus chaleureux étaient adressés à l'artiste, l'empereur se leva et suivi du maréchal Canrobert se dirigea vers son cabinet privé. Napoléon III s'assit à sa table de travail, compulsa quelques pièces et s'adressant au maréchal, demeuré debout, il le fit asseoir.

— Maréchal, vous connaissez mes préoccupations, dit-il, Sadowa n'est pas seulement une défaite pour l'Autriche, elle est une menace pour la France.

« Que pensez-vous de la situation de notre armée ?

Ainsi interrogé avec netteté, le maréchal Canrobert répondit sans hésitation en ces termes, que plus tard il se plaisait à redire :

— Sire, puisque sa Majesté me fait l'honneur de me demander mon sentiment sur la situation exacte de l'armée française, je répondrai que l'entraînement des troupes est excellent ; leur patriotisme et leur courage sont tels que la France a le droit de l'exiger ; mais, l'armement est défectueux, et les effectifs ne sont pas assez nombreux.

— C'est bien cela, fit l'empereur !

Mais, après un silence, il reprit :

— Maréchal, je suis décidé à réclamer du pays, les sacrifices et les efforts nécessaires pour qu'il conserve son prestige et sa puissance dans le monde. J'ai dit le 22 janvier 1866 : « Certes, tout gouvernement a ses défauts, mais en jetant un regard sur le passé, je m'applaudis de voir, au bout de 14 ans, la France respectée au dehors, tranquille au dedans, sans détenus politiques dans ses prisons, sans exilés hors de ses frontières. » Il est nécessaire que la France demeure respectée au dehors !

Après la guerre de 1870, le maréchal Canrobert aimait à répéter cette conversation historique à ses familiers.

Elle était, en effet, la preuve de la préoccupation constante de Napoléon III, de maintenir la France au premier rang des nations et de lui conserver son titre d'arbitre de l'Europe.

Les Républicains se sont efforcés de travestir toutes les pensées de l'empereur.

Ils ont voulu représenter Napoléon III comme un despote sans idée directrice ; oubliant que c'est ce souverain aux pensées larges et profondes qui donna le suffrage universel à la France, rechercha avec passion l'extinction du paupérisme et n'eut d'autre souci que la grandeur de la France et le bonheur du peuple...

Mais revenons à cette soirée de Saint-Cloud où

Napoléon III tourmenté de la situation militaire de la France, cherchait une réorganisation de l'armée sur des bases solides, avec un esprit démocratique...

Tandis que les danses reprenaient dans les salons et que les accords de l'orchestre parvenaient assourdis jusqu'au cabinet de travail de l'empereur, Napoléon III et le maréchal Canrobert continuaient leur conversation.

Elle dura longtemps.

Plusieurs ministres et les aides de camp, soucieux, attendaient impatiemment dans un salon voisin la fin de cet entretien.

L'étiquette de la cour les empêchait d'échanger les pensées que faisait naître cette longue et insolite conversation entre le souverain et le commandant du premier corps d'armée.

Cependant le marquis de Moustier ministre des affaires étrangères s'approcha de M. Rouher.

— La Prusse, dit-il, accepte notre intervention ; l'Autriche va nous remettre la Vénétie que nous donnerons à l'Italie. La Prusse conserve le prestige de ses armes.

— C'est trop, murmura M. Rouher. C'était l'intervention avant Sadowa qu'il eut fallu. Cette démonstration était prête, vous le savez ; le décret de mobilisation était signé et envoyé au *Moniteur*.

Qui donc s'est permis de le reprendre? qui donc a permis cette campagne de dix jours et ce désastre de Sadowa qui hante mes nuits !

— Vous êtes tragique, persifla le marquis de Moustier.

— Je vois et je sens ; j'aime la France et je suis dévoué à Sa Majesté, ceci me suffit.

— Bah ! Paris a illuminé !

— Il faut bien couvrir comme on le peut une telle faute : avoir laissé écraser l'Autriche? et maintenant, il faut mettre la France en état de supériorité militaire. C'est le désir de l'empereur qui confère avec Canrobert.

***

Au moment où le marquis de Moustier s'apprêtait à répondre, Napoléon III et le maréchal Canrobert parurent.

Le maréchal était souriant.

Mais il ne laissa échapper aucune parole, et suivant l'empereur, il rentra dans les salles de danse avec les ministres et les aides de camp.

Au milieu du tumulte des conversations dans le

tourbillon vertigineux des danses qui se succédaient sans interruption, au son d'un orchestre endiablé, on ne se doutait pas que l'Empereur venait de rendre au maréchal Canrobert les espérances qu'il nourrissait pour sauvegarder les intérêts de la Nation.

Napoléon III aimait bien profiter des réceptions officielles, pour interroger les uns et les autres et surtout les officiers étrangers.

Ce soir là, l'ambassadeur d'Autriche était certainement loin de se douter que la soudaine disparition de l'Empereur, avait pour but la solution de ce formidable point d'interrogation né au lendemain de Sadowa.

— Sommes-nous prêts ?

LES CONSÉQUENCES DE SADOWA

Le 28 juillet 1866, d'après M. Germain Bapst, historien du maréchal Canrobert, une nouvelle et longue conversation eut lieu entre Napoléon III et le commandant du premier corps d'armée.

M. Germain Bapst qui critique avec passion les idées du souverain sur le principe des Nationalités est obligé de reconnaître ses patriotiques efforts pour la reconstitution de l'armée française.

Cette reconstitution était considérée par Napoléon III comme une nécessité impérieuse depuis Sadowa.

Sadowa, en effet, n'était pas la simple défaite d'un empire puissant par un royaume moins important ; ce n'était pas le seul écrasement de l'Autriche par la Prusse ; Sadowa, c'était le triomphe d'une méthode nouvelle de combat sur une méthode surannée ; c'était une tactique nouvelle démolissant de fond en comble la tactique ancienne.

— La faute de Napoléon III, écrivent les républicains, consiste à n'avoir pas prévu Sadowa et à n'être pas intervenu en temps utile.

Nous avons dit dans le chapitre précédent que Napoléon III avait signé un décret de mobilisation et avait décidé une démonstration immédiate contre la Prusse, à la seule nouvelle de la mise en marche des troupes prussiennes contre l'Autriche.

Pourquoi cette démonstration n'eut-elle pas lieu ?

Pourquoi le décret de mobilisation ne fut-il pas suivi d'effet ?

« La nuit suivante, écrit M. Jean Guétary, dans *Un grand méconnu*, Napoléon III ; la nuit suivante, un haut fonctionnaire des Tuileries serait allé au journal le *Moniteur* rechercher cette pièce (le décret de mobilisation). Que s'était-il passé ? Quelle influence occulte avait prévalu ? Peut-être le saura-t-on un jour ? »

Le personnage, qui supporte cette lourde responsabilité, d'avoir empêché une démonstration militaire, attendue et nécessaire, ne s'est pas fait connaître et nous comprenons son peu d'empressement à le faire.

Tout le monde est d'accord qu'*avant Sadowa* une armée française mise en observation sur la frontière en face des provinces rhénanes complètement dépourvues de troupes aurait pu faire « fléchir le gouvernement prussien. »

Tout le monde est d'accord sur cela maintenant, mais *auparavant personne sauf Napoléon III et son conseiller d'Etat M. Rouher* n'était de cet avis.

Voilà ce qu'avec leur mauvaise foi ordinaire les républicains oublient de constater.

Il y a, cependant, des témoignages de personnalités autorisées à invoquer :

— Je confesse avoir été de ceux qui s'attendaient à voir les autrichiens victorieux marchant sur Berlin, a dit le maréchal Niel avec loyauté.

— L'Empereur s'inclina devant l'opinion des généraux les plus expérimentés, qui proclamaient la supériorité incontestable des armées autrichiennes sur l'armée prussienne qui, disaient-ils, manquait de consistance.

Ce témoignage est de M. G. Rothan, dans la *Politique Française*.

Enfin, rappelons encore cet aveu sincère du prince de Joinville, membre de la famille d'Orléans, dans une étude parue en 1866.

— L'événement a trompé l'attente générale. J'ai été, *comme tout le monde*, confondu de la facilité et de la rapidité des succès de l'armée prussienne ».

Seul, nous le répétons, Napoléon III avait eu une vision saine de la situation.

Cette netteté de vue, il l'eut encore après Sadowa en voulant réorganiser l'armée.

Un républicain M. Mézières est obligé d'en convenir.

Dans une étude sur le livre de M. Bapst ; *le maréchal Canrobert*, l'illustre académicien fait en ces termes son aveu :

La fumée du combat dissipée, les chants de victoire et les dithyrambes officiels n'empêchaient pas le public de s'apercevoir insensiblement que l'Autriche n'avait pas été seule vaincue à Sadowa.

Notre tour allait venir. Ce n'était pas trop de tous les efforts de notre diplomatie et de notre politique pour conjurer le péril. Avant tout il importait de mettre l'armée en état. C'était là l'objet des préoccupations constantes du maréchal. Dès le 28 juillet 1866, il avait eu avec l'empereur un long entretien à Saint-Cloud, et lui avait démontré l'insufflsance des effectifs. Il faut rendre cette justice au souverain : si par attachement pour le principe cosmopolite des nationalités, il avait laissé détruire l'équilibre européen au profit d'une puissance ambitieuse, que son voisinage, ses traditions, ses souvenirs rendaient inévitablement notre ennemie, dont la première pensée devait être de s'agrandir à nos dépens, il ne se faisait aucune illusion sur la nécessité immédiate de prendre des précautions. Son plus vif désir était de fortifier, de renouveler au besoin notre organisation militaire. Confident de ses pensées, témoin des luttes qu'il soutenait, le maréchal a vu de près les obstacles qui se sont successivement accumulés contre les idées impériales. Il sait, il établit dans ses souvenirs que c'est l'empereur qui a fait adopter pour nos fantassins le fusil Chassepot, malgré les objections des ministres et des comités techniques. Si, en 1870, un certain nombre de régiments en manquaient encore, c'est que le Corps législatif avait refusé les crédits nécessaires. Très en avance sur ses conseillers, l'empereur aurait voulu établir le service obligatoire. Les militaires lui donnaient raison, mais les ministres civils, les députés, les préfets, les conseillers généraux faisaient ressortir l'extrême impopularité de la mesure. La bourgeoisie surtout jetait les hauts cris. Je me rappelle encore l'indignation que témoignaient les parents à la pensée que leurs fils, les futurs avocats, les futurs médecins, les futurs magistrats, les futurs industriels seraient confondus à la caserne avec les simples soldats. On aurait dit qu'il s'agissait de leur imposer la plus humiliante et la plus dangereuse des promiscuités.

M. Mézières parle de l'opposition des ministres civils, de celle des députés, des préfets et des conseillers généraux.

Pourquoi ne parle-t-il point de celle qui retarda

le vote du projet de réorganisation militaire ? Pourquoi ne parle-t-il pas de l'opposition républicaine ?

C'est celle-ci qui fut criminelle, c'est celle-ci qui doit porter les responsabilités des désastres de 1870.

C'est, en effet, celle-ci qui stérilisa les efforts personnels de l'Empereur.

A BIARRITZ

Au mois d'octobre 1866, Napoléon III se trouvait à Biarritz.

Depuis trois mois, c'est-à-dire depuis Sadowa, depuis ses entretiens avec le maréchal Canrobert, l'empereur travaillait avec une activité dévorante à la réorganisation de l'armée. Ce faisant Napoléon III ne préparait pas une guerre dynastique, c'est-à-dire pour affermir son trône menacé puisque toutes les consultations populaires s'étaient terminées par des majorités formidables accordées à l'Empire ; il ne cherchait pas une guerre de conquête puisque dans toutes les circonstances, il était intervenu avec désintéressement pour maintenir ou rétablir la paix.

C'est avec raison qu'à l'occasion des fêtes du 15 août Théodore de Banville avait pu écrire les vers suivants dits par Mlle Favart à la Comédie Française.

Nous les reproduisons car, ils rappellent que Napoléon III aurait pu *déclarer la guerre* et qu'il préféra donner la paix au monde :

I

C'est ta fête aujourd'hui France au noble sourire
Et tu frémis d'orgueil et l'Europe t'admire
Fière et tranquille au bord de tes sillons ouverts,
Car, toi qui peux tout vaincre ô déesse, ô guerrière !
Tu gardes en tes mains la foudre meurtrière.
Et tu donnes la paix féconde à l'Univers.

. . . .

Faisant ensuite allusion au choléra et au courage de l'Impératrice, le poète ajoutait :

II

Ainsi qu'en relisant une légende ancienne
Sur un tel dévouement digne d'une chrétienne

Souple autant qu'il est fort.
Votre esprit, justement exalté se repose,
Car, chez vous, on admire, avant tout autre chose,
Ce mépris de la mort.

. . . .

III

Puis, elle poursuivit sa marche souveraine
Alors en la voyant la vaillante Lorraine
Eut pour l'Impératrice, un grand cri filial
Dont le bruit retentit comme un coup de tonnerre
Et pour glorifier la femme dans la mère
Joyeuse, elle acclama l'Enfant impérial.

IV

Oh ! qu'ils portent longtemps bonheur au jeune prince
Tous ces longs cris d'amour, par toute une province
Jetés comme un seul vœu !
Qui lui disaient : « Fidèle au sang qui l'a fait naître.
Ici-bas, le soldat de France doit être.
Le chevalier de Dieu. »

Ces vers soulevèrent d'unanimes applaudissements ; c'est qu'ils exprimaient parfaitement le sentiment général de la population.

Mais s'il était attaché à la paix, l'empereur ne se faisait aucune illusion sur la bonne foi du comte de Bismarck ni sur la fidélité du roi de Prusse, après Sadowa.

Napoléon III qui se rendait compte de la situation exacte démêlait un vif sentiment d'orgueil et de haine,sous les protestations hypocrites d'amitié que ne cessaient de lui prodiguer le comte de Bismarck et M. de Golz, ambassadeur de Prusse à Paris.

Lorsque la Prusse avait été admise au Congrès de Paris, Guillaume avait manifesté au marquis de Moustier alors ministre de France à Berlin sa profonde et inaltérable reconnaissance.

— Je ne saurais oublier que l'Empereur a fait admettre un représentant de la Prusse au Congrès de Paris ; j'ai hâte de vous remercier et de vous parler de la manière charmante dont l'empereur m'a adressé l'invitation. Il est impossible d'y mettre une grâce plus parfaite dans la forme ; je tiens à ce qu'il sache combien j'en suis touché. Je sais que cela ne s'est pas fait sans difficulté ; aussi lui en sais-je doublement gré (1).

(1) *Un grand méconnu*, Napoléon III, par Jean Guétary.

Napoléon III aurait pu ne pas se méfier de la Prusse après de belles paroles.

Il se rappelait que le roi Guillaume lui avait écrit :

Jamais la Prusse ni la maison de Hohenzollern n'oublieront ce service ;

Il se rappelait encore que le roi de Prusse avait dit au comte Fleury, aux courses de Bade :

— Quand vous reverrez l'empereur, dites-lui bien que je l'aime beaucoup. Nous lui devons nos trônes, *je ne l'oublierai jamais.*

Sans mettre en doute, ouvertement, les sentiments d'amitié et de fidélité manifestés par le roi Guillaume, par M. de Bismarck, et par M. de Golz, l'empereur se rendait compte que depuis Sadowa, il y avait quelque chose de changé.

— Il faut que l'armée française, disait-il à son entourage, soit dans un tel état de supériorité, qu'aucune puissance amie ne puisse avoir la tentation de rechercher de nouvelles amitiés ou surtout de combattre de quelque manière soit-il, ouvertement ou en secret, la politique extérieure de la France.

C'est sous cette impression, et après une étude minutieuse de l'effort qu'il était possible de demander au pays que Napoléon III écrivit de Biarritz au maréchal Randon, ministre de la guerre pour lui communiquer un projet de réorganisation militaire qu'il avait murement étudié et qui mettait sur pied en cas de guerre 1.200.000 hommes.

Malheureusement l'empereur rencontra dans son ministre une incroyable résistance.

Les désirs de Napoléon III tendant à la réorganisation de l'armée n'étaient pas nouveaux.

Le comte de La Chapelle, qui fut le secrétaire et le confident de l'empereur en exil a parlé en ces termes des idées du souverain.

« Plusieurs projets de réforme furent discutés pendant les années qui suivirent la paix de Villafranca dans les conseils de l'Empereur, mais le souverain se persuada promptement que ni les différents ministres ni les Chambres, ne le seconderaient pour faire admettre les seuls principes sur lesquels repose solidement le système des forces nationales d'un grand pays.

« Aussi le service obligatoire, l'augmentation de la durée du séjour sous les drapeaux ; la fixation définitive et constante par les Chambres du contingent annuel, l'endivisionnement des régiments, la création de corps d'armée permanents furent autant de questions que l'Empereur se vit contraint d'abandonner.

« Ne pouvant plus penser à changer le système établi, il dut se borner à le rendre le moins défectueux possible, En conséquence il fut décidé que sur le contingent annuel de 100.000 hommes une partie alimenterait l'armée active et l'autre serait exercée dans les dépôts : 3 mois la première année, 3 mois la seconde et un mois la troisième.

« Cette disposition, qui sans doute n'était pas parfaite, donnait cependant à la France, au bout de quelques années une réserve de plus de 200.000 hommes équipés et quelque peu exercés.

« Mais tandis qu'aux Tuileries une des principales préoccupations était de fonder sur de larges bases, les institutions militaires de la France, au corps législatif et même dans le ministère, les idées d'économie et de réforme reprenaient le dessus; au point qu'en 1865 le gouvernement se vit contraint de réduire considérablement les cadres de l'armée.

« On supprima alors dans chaque régiment d'infanterie, *deux* compagnies, dans chaque régiment de grosse cavalerie et de cavalerie de ligne le *sixième* escadron. Deux régiments de carabiniers de la ligne furent licenciés. La garde fut diminuée de quatorze compagnies d'infanterie représentant près de trois bataillons, de neuf escadrons de cavalerie, de six divisions du génie et de quatre batteries d'artillerie.

« A peine ces réductions inopportunes étaient-elles opérées, que les rapides succès de la Prusse dans la guerre contre l'Autriche en 1866 vinrent dessiller les yeux et montrer à tous les esprits attentifs, le danger qu'il y avait à réduire l'armée, pour ne réaliser qu'une économie de quelques millions. »

Il est à retenir que le livre du comte de La Chapelle fut relu, corrigé et annoté de la main même de l'Empereur.

Le maréchal Randon hypnotisé par le passé, attaché à la loi de 1832 qu'il considérait comme la charte de l'armée au lieu de seconder les vues aussi élevées que patriotiques de Napoléon III, répondit par un mémoire débordant d'optimisme.

Nous reproduisons les principaux passages de ce document, car s'il fait admirablement ressortir la haute intelligence du souverain, il montre également l'aveuglement incompréhensible dont presque toute la cour était frappé.

Le maréchal Randon débutait en ces termes :

« Quand l'horizon politique est serein, que rien ne paraît devoir le troubler, on reproche à l'armée les sacrifices qu'elle impose au Trésor, on les classe au nombre des dépenses improductives ; chaque chiffre de son budget est rigoureusement discuté, les crédits les plus indispensables pour ses approvisionnements et pour les remontes sont mesurés avec parcimonie.

« Mais qu'un nuage apparaisse, grandisse et semble le précurseur de l'orage, la scène change brusquement. Ceux-là même qui ne voyaient dans l'armée qu'une charge excessive pour la fortune publique, sont les premiers à tourner vers elle des regards inquiets, à chercher à se rendre compte de sa valeur réelle et placent sous sa sauvegarde l'honneur et le salut du pays.

« Si, pendant la paix, l'organisation méthodique de l'armée n'avait pas été maintenue à un degré suffisant de puissance, qu'arriverait-il alors ?

« Sans aucun doute, la nation trouverait toujours dans son patriotisme l'élan nécessaire pour repousser une invasion ; mais si l'armée régulière n'était pas fortement constituée, et capable de faire face au danger venant du dehors, de quel poids pèserait dans la balance de l'Europe une nation qui n'aurait à y jeter que des arguments diplomatiques, sans pouvoir comme de raison, y apporter l'appoint de son épée ?

« L'intégrité du territoire resterait sauve que l'influence nationale ne le serait pas.

« Aussi la plus vive préoccupation du chef de l'administration de l'armée a-t-elle toujours été de maintenir notre état militaire à la hauteur de sa mission.

« Est-ce à dire que l'armée doit être constamment prête à se lancer inopinément dans une lutte européenne. Lorsque les conflits extérieurs et les mécomptes imprévus de la diplomatie amènent des crises qui déjouent tous les calculs de la politique, serait-il juste, serait-il sensé de demander à une armée sur le pied de paix, une action immédiate qui la rende responsable des destinées du pays ? Et pourtant, ne voyons-nous pas les hommes les plus compétents quelquefois même ceux qui participent à la direction des affaires de l'état s'écrier :

« Nous n'avons pas pu mieux faire ; nous n'étions pas prêts ! Excuse bien facile, que le public accepte sans la vérifier ; explication qui répand la tristesse et l'effroi chez les amis du gouvernement et encourage ses adversaires.

« Si la paix de Villafranca a mis fin soudainement à la guerre de 1859, c'est que nous n'étions pas en mesure a-t-on dit, ou de continuer la campagne d'Italie, ou de faire face à la lutte qui pouvait se produire sur le Rhin.

« Quand la guerre entre l'Autriche et la Prusse a éclaté, nous n'étions pas prêts pour y prendre une part au moins comminatoire.

« Aujourd'hui que la Prusse, fidèle aux instincts de son ambition envahissante devient menaçante, nous ne sommes pas prêts pour lui rappeler que depuis Iéna, nous n'avons pas eu à nous mesurer seuls à seuls avec elle.

« Nous ne sommes pas prêts ! Si cela veut dire que, du jour au lendemain, nous ne pouvons pas jeter instantanément à la frontière une armée de 400.000 combattants, approvisionnés de toutes choses, et en mesure de s'engager dans une grande guerre avec toute chance de succès, assurément nous ne sommes pas prêts pour faire face à de telles nécessités.

« *Pour de pareilles entreprises, il faut des effectifs, des réserves, des approvisionnements énormes* ; *quelle est la nation qui en état de paix, pourrait affronter de si terribles hasards ?*

« Non, un pareil déploiement de forces n'est pas possible, ou bien pour y arriver, il faudrait un pied de paix formidable que, dans aucun pays, les limites du budget ne saurait comporter.

« Tous les hommes, qui ont présidé jusqu'à présent en France aux destinées de l'armée, se sont bornés à une situation plus restreinte, plus en rapport avec les ressources financières, mais présentant la possibilité de la prompte mobilisation des forces militaires du pays.

« Ces forces étaient prêtes en 1859, car les cadres contenaient 600.000 hommes dont 200.000 seulement avaient passé les Alpes. Il eut été assurément possible de constituer une nouvelle armée, si une sage modération n'avait arrêté une guerre qui ne pouvait plus amener des avantages proportionnés aux sacrifices.

« Nous étions prêts en 1866, car un rapport du ministre de la guerre établissait que par l'appel de la réserve, on pouvait réunir, *en un mois*, sous les drapeaux 450.000 hommes, défalcation faite des armées d'Afrique, du Mexique et de Rome. Ici encore, ce sont des considérations politiques qui ont empêché la guerre.

« Le même état militaire existait en janvier dernier ; il était augmenté des troupes rentrés de Rome et devait prochainement s'accroître de celles qui étaient en route, revenant du Mexique. Notre effectif était donc au complet normal, et dans cette circonstance, le gouvernement a donné une nouvelle preuve de modération, en préférant aux chances d'une guerre qui ne pouvait manquer d'être sérieuse, une intervention des puissances, pour amener une solution pacifique. Mais la question de l'effectif d'une armée n'est pas la seule condition qui intéresse sa valeur réelle.

« La constitution des cadres ;

« Les ressources en approvisionnement de toute espèce que doivent renfermer les magasins et les arsenaux ;

« Enfin, l'armement des troupes forment autant de conditions essentielles pour préparer des succès à la guerre. »

Le maréchal Randon passe en revue ces conditions essentielles.

Et il se montre ravi de cet examen.

Tout est parfait, d'après lui, dans l'armée française ; tout y est admirable.

Le maréchal Randon terminait en ces termes ce rapport dithyrambique :

. . . .

« Nous avons quelques fois une disposition à nous élever au-dessus des autres nations, ce n'est pas le moment de devenir plus modeste que de raison.

« Quoi ! une nation comme la France qui en quelques semaines, peut réunir sous ses drapeaux 600.000 soldats, qui a dans ses arsenaux 8.000 pièces de canons de campagne, 1.800.000 fusils et de la poudre pour faire dix ans la guerre, ne serait pas toujours prête à soutenir par les armes, son honneur compromis ou son droit méconnu !

« L'armée ne serait pas prête à entrer en campagne quand elle compte dans ses rangs, ces vétérans d'Afrique de Sébastopol et de Solférino ! quand elle a pour les commander ces généraux expérimentés et cette foule de jeunes officiers préparés par des expéditions en Algérie et la guerre du Mexique à exercer des commandements inférieurs !

« Quelle est donc l'armée en Europe qui renferme de pareils éléments d'expérience et d'énergie ?

« Notre infanterie n'est point encore entièrement armée de fusils à aiguille. Mais nos voltigeurs, ont-ils jamais été arrêtés, pendant les anciennes guerres, dans leur marche en avant, par les tirailleurs tyroliens armés de leur carabine rayée ou par les riflemen anglais ?

« Faudrait-il donc rappeler cette expression du maréchal Macdonald, parlant des soldats de Wagram, que nous serions moins bien soudés les uns aux autres et que les liens de la hiérarchie et de la discipline, se seraient affaiblis en nous ?

« Oh ! alors, hâtons-nous de rappeler les vertus militaires de nos frères : cela vaudra mieux que le fusil à aiguille ! »

En recevant ce rapport, l'empereur qui était encore à Biarritz ne montra aucune irritation. Il dit simplement à ses familiers :

— La France aura dans quelques semaines un nouveau ministre de la guerre.

Et, durant plusieurs jours, Napoléon III s'enferma dans son cabinet de travail.

Que faisait-il? Une lettre au maréchal Niel nous l'indique, mais n'anticipons point sur la marche des événements.

LE PROJET DE NAPOLÉON III

Au mois de janvier 1867, l'empereur mettait à réalisation le changement ministériel qu'il avait annoncé à Biarritz.

Ce fut au maréchal Niel qu'il confia cette mission de mettre la France en état de défendre son honneur si une puissance voulait y porter atteinte.

Et dès que le nouveau Ministre de la guerre fut 'nstallé, le souverain lui adressa le mémoire qu'il avait préparé.

Nous sommes obligés, dans ce cadre modeste, de ésumer ce magnifique travail dont nous pouvons affirmer l'authenticité.

D'après le projet impérial, la nouvelle armée evait se composer de trois corps ainsi constitués :

Ire ARMÉE (*comprenant le 1er, 2e et 3e corps*)

	Hommes	Chevaux		Voitures
		de selle	de trait	
GRAND QUARTIER GÉNÉRAL	1 349	718	460	157
1er *Corps* — Quartier général	791	346	373	100
1er *Corps* — 2 Divisions d'infanterie (à 2 brigades)	26.268	240	1.074	320
1er *Corps* — 1 Brigade de cavalerie (à 3 régiments)	2.595	2 182	144	49
1er *Corps* — Réserve du corps	2.479	550	1.754	367
TOTAL	32.134	3.718	3 345	836
2e *Corps* — Quartier général	791	346	373	100
2e *Corps* — 2 Divisions d'infanterie (à 2 brigades)	26.268	640	1.074	320
2e *Corps* — 1 Division d'infanterie (à 3 brigades)	18.851	382	649	202
2e *Corps* — 2 Brigades de cavalerie (à 2 régiments)	3.070	2.548	220	72
2e *Corps* — Réserve du corps	2 522	552	1.827	379
TOTAL	51.502	4.468	4 143	1.073
3e *Corps* — Quartier général	791	346	373	100
3e *Corps* — 2 Divisions d'infanterie (à 2 brigades)	26.268	640	1.074	320
3e *Corps* — 1 Brigade de cavalerie (à 3 régiments)	2.596	2.182	144	49
3e *Corps* — Réserve du corps	2.479	550	1.754	367
TOTAL	32.134	3.718	3.345	836
Réserve générale de l'armée — Corps de cavalerie	7.434	6.122	802	239
Réserve générale de l'armée — Réserve générale d'artillerie de campagne	1.812	561	1.038	192
Réserve générale de l'armée — Grand parc de campagne	1 949	275	1.715	341
Réserve générale de l'armée — Réserve d'administration	900	111	556	124
Réserve générale de l'armée — Grand parc du génie	451	62	373	60
TOTAL	12 546	7.131	4.484	947
TOTAL GÉNÉRAL DE LA 1re ARMÉE	129 665	19.753	15.777	3.858

IIe ARMÉE *(3e Corps)*

		Hommes	Chevaux de selle	Chevaux de trait	Voitures
GRAND QUARTIER GÉNÉRAL		1.349	718	460	157
1er Corps	Quartier général	791	346	373	100
	2e Division d'infanterie	26.268	640	1.074	320
	1re Brigade de cavalerie	2.596	2.182	144	49
	Réserve du corps	2.479	550	1.754	367
	TOTAL	32.134	3.718	3.345	836
2e Corps	Quartier général	791	346	373	100
	3 Divisions d'infanterie	39.402	960	1.611	480
	1 Brigade de cavalerie	2.763	2.326	145	50
	Réserve du corps	2.522	552	1.827	379
	TOTAL	45.478	4.184	3.956	1.009
3e Corps	Quartier général	791	346	373	100
	2 Divisions d'infanterie	26 268	640	1.074	320
	1 Brigade de cavalerie	2.429	2.038	143	48
	Réserve du corps	2.479	550	1.754	367
	TOTAL	31.967	3 .574	3.344	835
Réserve générale de l'armée	Division de cavalerie (à 3 brigades)	5.003	4.147	472	141
	Réserve générale d'artillerie de campagne	1.660	525	953	173
	Grand parc de campagne	1.949	275	1.715	341
	Réserve d'administration	900	111	556	124
	Grand parc de génie	451	62	373	60
	TOTAL	9.963	5 120	4.069	839
TOTAL GÉNÉRAL DE LA 2e ARMÉE		120.891	17.314	15.174	3.676

IIIe ARMÉE *(7e et 8e Corps)*

		Hommes	Chevaux		Voitures
			de selle	de trait	
Grand quartier général		149	718	460	157
1er *Corps*	Quartier général	958	490	374	101
	3 Divisions d'infanterie (à 2 brigades)	39.402	960	1.611	480
	2 Brigades de cavalerie (à 2 régiments)	3.404	2.836	222	74
	Réserve du corps	2.767	586	2.076	436
	Total	46.531	4.872	4.283	1.091
2e *Corps*	Quartier général	791	346	373	100
	2 Divisions d'infanterie	26.268	640	1.074	320
	1 Brigade de cavalerie	2.429	2.038	143	48
	Réserve du corps	2.199	516	1.593	326
	Total	31.687	3.540	3.183	794
	Division de cavalerie	3.371	2.753	392	113
	Réserve générale d'artillerie de campagne	1.499	431	868	154
	Grand parc de campagne	1.776	249	1.473	284
	Réserve d'administration	900	111	556	124

RÉCAPITULATION DES DIFFÉRENTS CORPS

	Hommes	Chevaux		Voitures
		de selle	de trait	
1er Corps	120.665	19.753	15.777	3.858
2e Corps	120.891	17.314	15.174	3 676
3e Corps	87.113	12.674	11.215	2.717
Corps de Belfort	26.047	2.019	1 313	401
Corps de Paris	39.361	2.591	1.767	544
Garde impériale	32.580	6 131	3.274	837
TOTAL	435 657	60.482	48.520	12.033
		109.002		
Troupes d'Algérie		Chevaux ou mulets 12.216		
TOTAL GÉNÉRAL	489.978	121.218		12.033

Aussitôt qu'il eut pris connaissance de ce travail admirable, le maréchal Niel adressa à Napoléon III la lettre suivante :

« *Sire,*

« *Je viens de recevoir dix exemplaires de l'important travail auquel Votre Majesté s'est livrée avec tant de persévérance. Il nous sera très utile et nous servira de règle pour mieux constituer nos forces nationales.*

« *Il est bien rare qu'un souverain ait approfondi, comme l'a fait votre Majesté, tous les éléments dont se composaient les armées ; je l'en félicite. Je conserve les exemplaires sous clef et n'en donnerai qu'aux directeurs généraux du ministère.*

« *Je suis, etc.*

« *Maréchal Niel* », *ministre de la Guerre.*

Il n'y a pas dans cette lettre de basse courtisanerie ; il y a le témoignage d'un honnête homme, d'un bon soldat, sur un travail consciencieux, aux vues larges et profondes.

Ainsi l'armée permanente sur le pied de paix devait comprendre :

489.978 hommes
121.218 chevaux ou mulets
12.033 voitures.

Sur le pied de guerre, cette même armée comportait une force de 700.000 hommes.

EFFECTIF DE L'ARMÉE SUR PIED DE GUERRE

	Hommes
Armée active	489.978
Etat-major à l'intérieur	202
9 Dépôts d'infanterie de la garde	2 579
6 Dépôts de la cavalerie de la garde	1.884
2 Dépôts des 2 régiments d'artillerie de la garde	529
100 Dépôts d'infanterie à 1.022 hommes chacun.	102.200
20 Dépôts de chasseurs à pied (519 hommes) chacun	10.200
51 Dépôts de cavalerie à 314 hommes	16.014
20 Dépôts de régiments d'artillerie	10.520
10 Compagnies d'ouvriers	50
6 Compagnies d'artificiers	50
1 Compagnie d'armuriers	20
2 Régiments du train d'artillerie	1.110
3 Dépôts des régiments du génie	3.589
Gendarmerie y compris la garde impériale et la garde de Paris	24.412
Etat-Major des Places à l'intérieur	837
Ecoles militaires (Metz, Saumur, Polytechnique, Saint-Cyr, Prytanée militaire	1.152
Cavalerie de manège et de remoute	2.163
Vétérans	300
Infirmiers	1.500
Intendance, médecins des hôpitaux	800
Equipages militaires	935
Ouvriers d'administration	1.200
Sapeurs-pompiers	1.572
Total	673.796

L'esprit demeure confondu que l'empereur ayant eu cette vision juste d'une réorganisation sérieuse et solide, la France n'ait pas été prête en 1870.

Sadowa apparaissait comme une menace.

Comment Napoléon III avec le pouvoir impérial, avec une hauteur de vues aussi élevée, un projet aussi complet, comment Napoléon III ne put-il obtenir cette réorganisation qu'il sentait nécessaire?

Pourquoi l'armée ne fut-elle pas été réorganisée ?

Nous allons le voir.

AU CAFÉ PROCOPE

Depuis quelques années, les quelques républicains qui s'affirmaient comme tels avaient tous 'habitude de se réunir au Café Procope.

Les citoyens démagogues n'étaient certes pas rillants.

Etant pour la plupart des râtés, des médecins ans clients, des avocats sans cause, ils se plaiaient à se retrouver dans cet établissement public évenu pour ainsi dire leur fief.

Tous les soirs, dans une atmosphère puante, où es relents d'alcool se mêlaient à la fumée épaisse égagée par des pipes ébréchées et sans tuyau, les ortes têtes de la démocratie se retrouvaient là. illes de quartier, ramassées dans le ruisseau, rateurs aux phrases creuses et sonores braillaient nsemble, s'embrassaient en public, se lutinaient et poussaient des hurlements de bêtes féroces, lorsque à moitié ivre, Léon Gambetta, le grand Léon, se hissait sur une table et d'une voix tonitruante vomissait des calomnies contre l'impératrice et des sottises contre l'empereur.

Chaque soir, la même scène se reproduisait et les Magnin, les Spuller, les Floquet, tous ceux qui, dans la suite devaient constituer l'aristocratie républicaine applaudissaient à tout rompre leur orateur.

Le thème était le même : il ne fallait pas accorder les crédits réclamés par le maréchal Niel au nom de l'empereur pour la réfection du matériel de guerre et pour la réorganisation de l'armée.

Les misérables mettaient leur patriotisme à désirer un désastre pour hisser leur médiocrité au pouvoir.

Dans toutes les catastrophes humaines : incendies, tremblements de terre, raz de marée, inondations, des êtres jaillissent on ne sait d'où et viennent avides du pillage, tenter d'asseoir leur fortune par le vol.

Conscients de leur impuissance, de leur ignorance et de leur faiblesse, mus par une basse jalousie, les républicains du jour incapables de bâtir, s'efforçaient de démolir.

Par leur campagne de presse, par leur obstrucion au Parlement, par leurs paroles mensongères, ls jetaient le trouble dans le pays.

Nul d'entre eux n'aurait su proposer une meure démocratique, mais tous s'entendaient à mereille pour jeter le trouble dans les consciences.

Or, c'était au Café Procope que se préparaient outes les infamies contre la patrie et contre le souverain.

C'était au café Procope que Gambetta lançait es pires invectives contre « César et sa garde préorienne. »

Devant ces fous criminels, devant ces alcooliues, parler de l'armée, c'était parler de la tyranie, c'était évoquer des dangers menaçant la lierté.

Le 13 février 1867, vers huit heures du soir, la rande salle du café était pleine.

Des filles, les cheveux en désordre la poitrine moitié dévêtue, l'air canaille, buvaient de l'absinhe en compagnie des fortes têtes républicaines.

Cependant les conversations languissaient ; 'orateur de la bande manquait.

Soudain, la porte s'ouvrit brusquement, et un omme entra ; une barbe noire embroussaillée, enadrait son visage gras et vulgaire.

Dès que les buveurs l'eurent aperçu, une clameur s'éleva :

— Vive Léon !

— Quelles sont les nouvelles ?

Le nouvel arrivant était Léon Gambetta ? Vêtu d'une redingote noire presque neuve, mais déjà couverte de taches, il se dirigea vers une table où se tenaient une demi-douzaine d'individus un peu moins dépenaillés que les autres habitués du café.

Après avoir serré les mains qui se tendaient vers lui :

— Le tyran nous menace, dit-il. Il veut à tout prix augmenter sa garde prétorienne ; demain, je le sais, par une indiscrétion ; il réclamera du corps législatif le vote d'un projet de loi tendant à la réorganisation de l'armée.

« Citoyens, hurla-t-il en grimpant sur une chaise, la liberté est en danger ! César veut six cent mille hommes pour réduire en esclavage les citoyens libres. Jurons de lutter contre la tyrannie !

— Oui ! oui ! firent tous les républicains présents. Nous jurons de lutter contre tous les tyrans.

— Comme l'a dit Blanqui : nous ne voulons ni Dieu ni maître.

— Bravo ! fit entre deux hoquets un des admirateurs de Gambetta.

— Bientôt, citoyens, reprit celui-ci, nous n'aurons plus le droit de respirer en toute liberté : Ah ! je regrette de ne pas être resté Gênois.

— Tais-toi Léon ! avec ton éloquence, tu entraînes les masses populaires ; avec ton savoir, tu convaincs les plus hésitants ; nous triompherons par toi et avec toi.

Gambetta eut un geste las, il s'assit et discuta à voix basse avec quelques-uns de ceux que les autres républicains semblaient considérer comme des chefs.

Tandis qu'il parlait, les bocks se vidaient rapidement et les soucoupes s'accumulaient.

Enfin, se levant :

— C'est bien compris dit-il, obstruction au corps législatif ; campagne de presse ; campagne de conférences ; nous mettrons tout en jeu. Il ne faut pas que l'armée soit réorganisée.

Toutes les mains se tendirent vers lui.

— Entendu ! dirent les républicains.

Les misérables devaient tenir parole.

Ils devaient empêcher la refonte de la loi militaire ; ils devaient préparer le désastre !

AUX TUILERIES

Nous avons vu quelles étaient les préoccupations patriotiques de l'empereur, nous avons vu en quels termes le maréchal Niel reconnaissait la grandeur des projets préparés par le souverain, nous avons enfin assisté à l'organisation de la résistance républicaine.

Nous allons voir maintenant par les pièces historiques, comment les républicains tinrent parole contre l'intérêt supérieur de la patrie.

Ah ! que tout homme, animé du désir de connaître la vérité historique suive attentivement les différentes péripéties qui précédèrent ce grand drame national !

Qu'il pèse la valeur des documents que nous soumettons à son libre examen et il verra alors, que le noble souverain auquel on reproche une imprévoyance et une ignorance coupables, fut au contraire un esprit excessivement remarquable par la netteté de ses vues et la profondeur de ses conceptions.

Le 14 février 1867, Napoléon III ouvre la réunion législative, par le discours suivant, plein de patriotisme et de clairvoyance :

Depuis votre dernière session de graves événements ont surgi en Europe...

Nous avons assisté avec impartialité à la lutte qui s'est engagée de l'autre côté du Rhin. En présence de ce conflit, le pays avait hautement témoigné son désir d'y rester étranger; non seulement j'ai déféré à ce vœu, mais j'ai fait tous mes efforts pour hâter la conclusion de la paix. Je n'ai pas armé un soldat de plus, je n'ai pas fait avancer un régiment et cependant la voix de la France a eu assez d'influence, pour arrêter le vainqueur aux portes de Vienne. Notre médiation a amené entre belligérants un accord qui, laissant à la Prusse le résultat de ses succès a conservé à l'Autriche, sauf une province, l'intégrité de son territoire et par la cession de la Vénétie complété l'indépendance italienne. La France n'a pas tiré l'épée parce que son honneur n'était pas engagé et qu'elle avait promis d'observer une stricte neutralité.

. . . .

La France, dit Napoléon III en terminant, est respectée au dehors ; l'armée a montré sa valeur, MAIS LES CONDITIONS DE LA GUERRE ÉTANT CHANGÉES ELLES EXIGENT L'AUGMENTATION DE NOS FORCES DÉFENSIVES ET NOUS DEVONS NOUS ORGANISER DE MANIÈRE A ÊTRE INVULNÉRABLE.

Le projet de loi qui a été étudié avec le plus grand soin allège le fardeau de la conscription en temps de paix offre des ressources considérables en temps de guerre et répartissant dans une juste mesure les charges entre tous, satisfait au principe d'égalité ; il a toute l'importance d'une institution et sera j'en suis convaincu accepté avec patriotisme. L'influence d'une nation dépend du nombre d'hommes, qu'elle peut mettre sous les armes.

N'oubliez pas que les Etats voisins s'imposent de plus lourds sacrifices, pour la bonne constitution de leur armée, et ont les yeux fixés sur vous, pour juger par vos résolutions si l'influence de la France doit s'accroître ou diminuer dans le monde.

. . . .

J'ai pleine confiance dans le bon sens et le patriotisme du peuple et fort de mon droit que je tiens de lui, fort de ma conscience qui ne veut que le bien, je vous invite à marcher avec moi, d'un pas assuré dans les voies de la civilisation!

Suivant l'usage, c'était dans le palais des Tuileries, en présence de la Cour impériale et des membres du Parlement que Napoléon III prononça ce noble langage.

Tout le monde fut secoué par l'énergie avec laquelle l'empereur prononça ce discours.

Hélas! ces paroles devaient être tristement prophétiques! mais elles n'eurent aucune influence sur les parlementaires de l'époque, hypnotisés par les menaces républicaines.

Le discours de Napoléon III démontrait pourtant clairement la situation amoindrie de la France dans le monde, au lendemain de Sadowa.

Napoléon III qui avait compris le danger que le pays courait, avec un voisin aussi turbulent que la Prusse n'hésite pas à déclarer *qu'il faut s'organiser pour devenir invulnérable!*

Il faut remarquer que *les Etats voisins s'imposent de lourds sacrifices pour la bonne constitution de leur armée* et devant l'armement formidable qui se prépare autour de lui, l'Empereur ne veut pas rester sous la menace des états voisins. Il réclame dans son discours *une armée forte dont le pays a besoin* et quelque temps après, passant des paroles aux actes, il charge le maréchal Niel de soumettre et de soutenir au corps législatif le projet de loi militaire dont il avait lui-même jeté les bases.

AU CORPS LÉGISLATIF

Le 21 juin 1867, la Chambre est appelée à discuter sur la fixation de l'ordre du jour renfermant trois projets de loi.

Le premier est relatif à la réorganisation militaire ; le deuxième à la liberté de la presse : enfin le troisième intéresse la liberté de réunion.

De ces trois projets déposés le même jour sur le bureau législatif quel était le plus intéressant ?

Telle fut la question qui, au fond, n'aurait même pas dû être posée, s'il fut resté aux membres de cette assemblée quelque sentiment de dignité et de patriotisme.

Comment ? A une heure aussi troublante pour le pays ; alors que l'Empereur dénonce solennellement le danger dont nous sommes menacés ;

après l'écrasement de l'Autriche à Sadowa, qui aurait dû dessiller les yeux aux plus aveugles des pacifistes, nos parlementaires, toujours les mêmes discutent des séances entières pour savoir, des trois, quel était le plus intéressant des projets de loi, déposés !

Ce fut là ou un aveuglement incompréhensible ou une volonté criminelle.

LES DÉBATS

M. Jules Simon ouvre les débats par un discours des plus agressifs, qui lui attire d'ailleurs, une verte réplique de M. Rouher.

Voici les principaux passages du discours prononcé par l'orateur républicain :

M. Jules Simon combat la réorganisation de l'armée.

M. Jules Simon. — Je n'ai certes pas besoin d'ajouter que nos amis et moi nous ne tenons pas le même compte des trois lois dont il s'agit et que nous ne les considérons pas toutes les trois sous le même point de vue. Je dirai même en deux mots notre opinion sur chacune d'elle, afin que la question soit très claire et que l'on sache parfaitement le fond de notrc pensée.

La loi militaire est une loi que nous voudrions n'avoir

pas vu présenter : nous regrettons qu'elle l'ait été, si on la reprenait nous serions heureux de la voir disparaître.

Garnier Pagès. — Très bien ! Très bien !

Jules Simon. — Ou nous sommes menacés d'une guerre où nous sommes en pleine paix. Si, comme je veux l'espérer, nous ne sommes pas menacés d'une guerre il ne faut pas faire une loi qui pose en principe un armement de 800.000 hommes (*Nombreuses interruptions*).

M. Granier de Cassagnac. — Nous discuterons cela plus tard.

M. Jules Simon. — Je répète donc que si on est en pleine paix, il ne faut pas parler d'un armement de 800.000 hommes.

Et M. Jules Simon termine son discours en ces termes :

J'ajoute sur le champ pour mes amis et pour moi que nous n'avons ni désiré, ni aimé cette loi (militaire) et que si l'ajournement devait être indéfini, s'il devait équivaloir à un retrait absolu, nous serions bien loin de nous en plaindre ! »

Et c'est le même Jules Simon qui au moment de la guerre de 1870 trouvait que l'Empereur n'avait rien fait pour rendre invulnérable l'armée française.

Riposte de M. Rouher.

M. Rouher succède aussitôt à M. Jules Simon, et après avoir fait appel à la sagesse des membres du Corps législatif, le ministre de l'Intérieur conclut en ces termes :

— *L'honorable M. Jules Simon veut introduire une distinction dans notre ordre du jour ; il lui semble que sur ces trois grandes lois que vous êtes appelés à délibérer, l'une pourrait sans péril et avec avantage même disparaître de votre ordre du jour. Je ne veux pas imiter l'honorable M. Jules Simon qui vous a dit à l'avance et sans délibération de la part du Corps législatif son appréciation sur la loi de l'armée.*

Aux yeux du gouvernement cette loi est d'une importance considérable ; elle n'est pas le prolémogène, l'indice préalable, le signe précurseur de je ne sais quelle pensée de guerre qui pourrait menacer ce pays. Non, c'est une loi fondamentale, c'est une loi organique de l'armée.

(A ces mots le ministre de l'intérieur est interrompu par MM. Garnier Pagès et Berryer).

M. ROUHER. — *L'honorable M. Garnier Pagès insiste sur les observations de M. Jules Simon et en même temps l'honorable M. Berryer m'interrompt pour me dire que ce n'est pas le moment de discuter.*

Je ne veux pas discuter, mais il me paraît impossible, au nom du gouvernement, de ne pas protester contre l'appréciation faite par l'honorable M. Jules Simon. Je me borne à dire que le gouvernement est convaincu que cette loi est acceptée par la nation avec un véritable sentiment de patriotisme et qu'elle est décidée à faire à l'intérêt de sa dignité, de sa sécurité et de sa grandeur tous les sacrifices nécessaires.

LA CAMPAGNE RÉPUBLICAINE

Cette première discussion est le point de départ d'une campagne entreprise contre l'armée par les républicains.

Les orateurs de l'opposition républicaine provoquent de nombreuses réunions ; ils parcourent et sillonnent la France en tout sens pour y semer le trouble et l'inquiétude.

Ils ne songent pas au péril dont le pays est menacé ; ils ne voient qu'une chose : le triomphe probable de leur politique à la faveur du désordre qu'ils vont provoquer.

Ils flattent les passions du peuple, ils proclament « que le règne du canon est terminé » et que c'est folie de surcharger ainsi les populations par l'impôt du sang — le plus lourd de tous à une époque où la fraternité des peuples est sur le point d'aboutir.

Et ils alarment si bien l'opinion publique que déjà on fonde des *Ligues de Paix* et des *Ligues de désarmement*.

Le gouvernement impérial s'émeut d'une pareille croisade et le projet de loi est retiré pour être modifié.

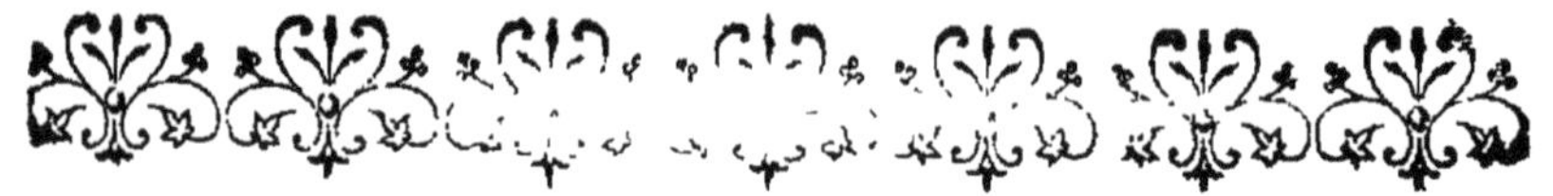

MECONTENTEMENT DE L'EMPEREUR

Ouvrant la deuxième session législative, Napoléon III prononce le 19 novembre 1867 un discours qui laisse percer son mécontentement.

Après avoir parlé de l'Exposition universelle « où se sont donnés rendez-vous presque tous les souverains de l'Europe et où se sont rencontrés les représentants des classes laborieuses » l'empereur ajoute :

— « *Ces gages incontestables de concorde ne sauraient nous dispenser d'améliorer les institutions militaires de la France. C'est un devoir impérieux pour les gouvernements à poursuivre, indépendamment des circonstances, le progrès dans tous les éléments qui font la force du pays et c'est pour nous une nécessité de perfectionner notre organisation militaire, comme nos armes et notre marine.*

Le projet de loi présenté au Corps législatif répartissait entre tous les citoyens, les charges du recrutement. Ce système a paru trop absolu; des transactions sont venues en atténuer la portée. Dès lors, j'ai cru devoir soumettre cette haute question à de nouvelles études.

On ne saurait, en effet, approfondir avec trop de soin ce difficile problème qui touche à des intérêts si considérables et souvent si opposés.

Mon gouvernement vous proposera des dispositions nouvelles qui ne sont que de simples modifications à la loi de 1832 mais qui atteignent le but que j'ai poursuivi : réduire le service pendant la paix et l'augmenter pendant la guerre.

Vous les examinerez ainsi que l'organisation de la garde nationale mobile, sous l'impression de cette pensée patriotique que : plus nous serons forts, plus la paix sera assurée. »

Dans ce langage sobre, mais si patriotique, combien on sent l'âme angoissée de ce souverain qui prévoyant la catastrophe ne peut malgré tous ses efforts, en éviter l'échéance prochaine.

Il consent, lui, l'Empereur, acclamé par plusieurs millions de suffrages, il consent à s'incliner devant quelques douzaines d'agitateurs parlementaires et à modifier son premier projet.

Le parlementarisme tenait Napoléon III en échec. La constitution ne lui accordait plus que le droit de promulguer les lois ; l'Empereur avait donc les mains liées et il fallait faire des concessions.

Hélas, les adversaires de l'Empereur devenaient plus agressifs que jamais : il fallait combattre à outrance la proposition et faire échec à Napoléon III.

Le but des fameux patriotes, qui plus tard devaient constituer le célèbre gouvernement de la Défense nationale, était d'exploiter le côté politique de la proposition et conclure que si l'Empire avait besoin d'un million d'hommes sous les armes c'était uniquement dans un esprit de conquête.

SOUVENIRS DE M. STEPHEN LIÉGEARD

Un des témoins de la lutte patriotique soutenue par Napoléon III pour faire aboutir la réorganisation de l'armée, M. Stephen Liégeard rappelle en ces termes et ces efforts et la résistance odieuse des républicains.

« Le 25 mars 1867, je me présentait à la députation dans une élection partielle pour la circonscriptton de Briey-Thionville. La lutte fut vive. Les feuilles de l'Opposition, très hostiles à une loi qui avait, à leurs yeux, le mérite fort mince d'armer la patrie et l'effroyable défaut de fortifier l'Empire, profitèrent de l'occasion pour me provoquer en mille façons à dire mon sentiment sur la question. Je n'éprouvais nul embarras à déclarer, dans ma profession de foi, que je voterais sans hésitation la loi de réorganisation militaire. J'ajoutais qu'en agissant autrement, je croirais manquer non seulement à l'inspiration de ma conscience, mais encore aux traditions de l'héroïque Moselle. Sur cette déclaration, un éclatant suffrage m'envoya à la Chambre.

« Quand j'y arrivai, le Corps législatif avait déjà fait choix d'une commission de dix-huit membres pour examiner le projet. Il suffira de prononcer le nom des commissaires, dont sept furent plus tard ministres, pour attester l'importance qu'on attachait à l'œuvre de rénovation. C'étaient MM. Larrabure, président ; Mége, Gressier, secrétaires ; Chesnelong, marquis de Talhouët, Chevandier de Valdrôme, du Miral, de Montagnac, Bartholoni, le baron David, le duc d'Albuféra, le vicomte Reille, West, Fabre, Louvet, le marquis d'Havrincourt, Buffet, le baron de Veauce. Leurs travaux furent longs et consciencieux : aussi la discussion en assemblée publique dût-elle être renvoyée à la session suivante. La gauche ne s'en plaignit pas. Elle semblait si peu pressée d'en finir sur ce point, que, le 12 décembre 1867, alors que M. le président Schneider invitait la Chambre à régler son ordre du jour, M. Ernest Picard proposa sérieusement de faire passer les lois sur la presse et le droit de réunion avant la loi militaire. 214 voix contre 29 rejetèrent cette prétention subversive de la grandeur et de la force du pays. Inutile d'ajouter qu'au premier rang des 29 figuraient la plupart des émeutiers du 4 septembre, à savoir MM. Jules Favre, Jules Simon, Picard, Garnier Pagès, Glais-Bizoin, Pelletan, Dorian, Magnin, etc. Décidément ces bons patriotes se refusaient à armer la nation. Nonobstant, l'ouverture de la discussion générale fut fixée au 19 décembre.

« Dès le lendemain, je fus appelé, par mon tour d'inscription, à prendre la parole. C'était un début. La bienveillance de mes collègues me soutint durant ce *maiden speech*, un peu long peut-être, comme toute harangue de débutant. Pourtant, quand je relis aujourd'hui mon discours au *Moniteur universel*, malgré la critique de *l'Opinion national* qui m'accusa « d'avoir ouvert toutes les écluses de mon intarissable enthousiasme », je n'y trouve guère à retrancher. Il était dans la mesure ; il était encore plus dans la vérité. Si même la sténographie ne l'avait estampillé de sa marque indélébile, plusieurs paragraphes, que je reproduis en *capitales*, sembleraient avoir été écrits après coup, tant les événements se sont chargés d'en faire ressortir l'à-propos prophétique. »

LES EFFORTS DES IMPÉRIALISTES

M. Stephen Liégeard dont nous venons d'invoquer le témoignage prononça alors au corps législatif un beau discours auquel il a fait allusion.

Nous le reproduisons *in extenso* d'après le *Moniteur universel* du 21 décembre 1867, car il synthétise l'opinion de tous les matérialistes. Nos lecteurs trouveront cet important document aux pièces justificatives.

Ils verront quel contraste fait ce noble langage avec celui des républicains, véritables organisateurs de la défaite.

Mais ici nous reproduisons, cependant, quelques-uns des passages les plus caractéristiques, car ils montreront quelles étaient les patriotiques préoccupations des fidèles défenseurs de la politique impériale.

« Eh bien, vers ces parages où la France finit, où commence l'Allemagne, si grande que soit la bonne volonté de fermer l'oreille aux bruits qui traversent le grand fleuve, force est parfois d'entendre, sans même écouter ; et QU'ENTEND-ON ? DES EXALTÉS, DANS L'ENIVREMENT PROLONGÉ DE VICTOIRES INESPÉRÉES, NE CRAINDRE POINT DE DISCUTER FROIDEMENT LA POSSIBILITÉ D'UNE ANNEXION DE LA LORRAINE OU DE L'ALSACE A LA PATRIE ALLEMANDE ; DES GAZETIERS DE BERLIN DEMANDER, AVEC UNE GRAVITÉ COMIQUE, QU'EN COMPENSATION DE L'ÉVACUATION SI DOULOUREUSE POUR EUX DE LA CITADELLE DE LUXEMBOURG, LES FORTIFICATINNS DE THIONVILLE, DE METZ, DE LONGWY, SOIENT DÉMANTELÉES, DES SOUDARDS, LE POING SUR LA HANCHE, SE DONNER RENDEZ-VOUS SOUS LES MURS DE PARIS ET PROMETTRE A LEURS CHEVAUX DE LES FAIRE DÉSALTÉRER, AU PRINTEMPS PROCHAIN, DANS LES EAUX DE LA SEINE (1) ; et tant d'autres fanfaronnades, et tant d'autres insupportables jactances qui surexcitent le patriotisme de nos braves Mosellans, et les laissent tout frémissants, à égale distance de l'indignation et de la pitié.

« N'accordons pas, je le veux bien. plus d'impor-

(1) Autant de sinistres rêves réalisés, grâce à Gambetta et à ses complices !

tance qu'elles n'en méritent à ces rumeurs qui montent sur des nuages de fumée du fond des brasseries germaniques, semblables prétentions ne datent pas d'hier chez nos bons voisins les Allemands. En 1815 déjà, la Prusse, puisqu'il faut l'appeler par son nom, réclamait qu'on lui livrât Metz et Longwy, Thionville et Montmédy. Aujourd'hui, mieux qu'alors on pourrait lui répondre : « Venez les prendre ! »

« Laissons au Becker du jour l'innocente satisfaction d'entonner à pleins poumons leurs couplets du Rhin allemand ; accueillons par un sourire les manifestations naïves de cet enthousiasme de landwehr, qui se traduit et se résume dans un refrain dont la modestie n'est pas précisément la note dominante :

« Allemand au-dessus de tout,
« Au-dessus de tout dans le monde ! »

« Mais enfin, il faut bien en convenir, un fait s'est accompli, qui domine la situation, et qui, s'il n'a pas rompu l'équilibre de l'Europe, l'a du moins singulièrement ébranlé.

« Eh bien, lorsque, de toutes parts, l'exemple nous arrive, quand la vieille Europe, prise d'un soudain vertige, se rue avec fureur en d'immenses préparatifs guerriers, pouvons-nous résister aux entraînements du courant, sans abdiquer quelque chose de ce droit de légitime défense qui est le premier devoir d'une nation ? Pour ma part je ne le pense pas.

La levée en masse.

Et M. Stephen Liégeard répond à la théorie de la levée en masse.

« Et c'est alors qu'avec le second terme du di-
« lemme précédemment posé, apparaît la théorie
« de la levée en masse : c'est alors que l'honorable
« M. Garnier-Pagès, se faisant l'interprète d'une
« opinion qui a ses adhérents, nous dit :

« Plutôt que de nous épuiser chaque année,
« plutôt que d'accroître la dette chaque année, ne
« vaudrait-il pas mieux, lorsque le danger se pré-
« sente, ne vaudrait-il pas mieux avec des finances
« bien organisées, faire appel au pays, qui vous ré-
« pondra si vous n'êtes pas inspirés par un esprit
« de conquête, si vous ne voulez que remplir le de-
« voir sacré d'assurer la défense du pays ? N'hésitez

« pas, faites comme en Amérique, demandez une « levée en masse de tous les citoyens... et soyez « tranquilles, rien ne vous manquera : vous aurez « de l'argent et des hommes ; car, ne l'oubliez pas, « vous êtes à la tête d'un pays qui, en face de « l'étranger, en tout temps, pour défendre son in- « dépendance menacée, a sacrifié et son dernier « homme et son dernier écu. »

« Belles paroles, sans doute, messieurs, qui n'ont qu'un défaut : celui de vouloir construire une règle générale, avec quelques exceptions qui brillent çà et là, disséminées au travers de l'histoire des peuples. Faites appel au pays, le pays vous répondra, prétendez-vous ? Je l'admets, sans qu'il me soit besoin de recourir aux pétitions qui se sont produites pour l'affirmer, encore moins à l'exemple du nouveau monde.

« Oui, aujourd'hui comme en 92, aujourd'hui comme à toutes les périodes critiques ou glorieuses de ses annales, la France n'aurait qu'à frapper du pied pour que le sol se couvrît de soldats ; oui, tous les enfants de la mère-patrie, répondant à son appel, voleraient à la frontière dans un même élan de filial dévouement. Je le crois fermement ; je le crois, mais j'ajoute immédiatement que C'EST LA UN MOYEN EXTRÊME, que C'EST LA UN EXPÉDIENT PLUTÔT DIGNE DU PATRIOTISME QUE DE LA PRÉ-

VOYANCE D'UNE GRANDE NATION. Oui, le Languedoc et la Provence viendraient au secours de la Lorraine et de l'Alsace menacées, ne fût-ce que pour rejeter une bonne fois de l'autre côté du Rhin, notre frontière naturelle, d'insatiables ambitions.

« MAIS VIENDRONT-ILS ASSEZ RAPIDEMENT (1), CES FILS DU RHONE ET DE LA GARONNE ? MAIS VIENDRONT-ILS AVEC DES MILICES SUFFISAMMENT EXERCÉES ? MAIS CETTE LÉVÉE EN MASSE, COMMANDÉE PAR LA NÉCESSITÉ ET RÉALISÉE PAR LE PATRIOTISME, OFFRIRA-T-ELLE LA GARANTIE D'UNE CONTINUITÉ D'EFFORTS NÉCESSAIRE A PRÉPARER LE SUCCÈS ET A EN ASSURER LES RÉSULTATS, LA VICTOIRE UNE FOIS OBTENUE (2) ? AH ! ICI, MESSIEURS, JE COMMENCE A DOUTER PROFONDÉMENT ; ET QUAND ON M'OBJECTE L'EXEMPLE DU PASSÉ, JE RENVOIE A PLUS COMPÉTENTS QUE MOI POUR SAVOIR SI LES TEMPS NE SONT PAS CHANGÉS ; S'IL EST BIEN PRUDENT A UN AGE DE COMPTER SUR LA REPRODUCTION EXACTE DES MIRACLES D'UN AUTRE AGE ; SI LES LEÇONS DONNÉES A L'ENNEMI PAR NOS PÈRES ET PAYÉES JADIS D'UNE MOISSON DE LAURIERS N'ONT PAS PRODUIT A LEUR TOUR CHEZ LES VAINCUS DE REDOUTABLES ÉLÈVES ; SI, ENFIN, LES

(1) Ils ne sont pas venus du tout !

(2) Cinq mois de défaites ont répondu à ce point d'interrogation.

CONDITIONS DE LA GUERRE S'ÉTANT MODIFIÉES, IL NE CONVIENT PAS DE MODIFIER, DANS DES PROPORTIONS IDENTIQUES, ET LE CHIFFRE DES COMBATTANTS, ET LES MOYENS D'ATTAQUE ET DE DÉFENSE USITÉS JUSQU'ICI.

Pour la défense nationale.

Enfin M. Stephen Liégeard ajoute :

« Or, quand au spectacle de l'Italie frémissante se joint pour moi, de l'autre côté du Rhin, la perspective d'une armée de 1.100.000 hommes (1) prêts a se grouper au premier signe sous la bannière du chef de la Confédération du Nord, je ne crois pas qu'on doive marchander a notre Gouvernement l'accroissement de forces qu'il sollicite. Il faut les lui donner, non dans un but de conquêtes, mais comme moyen de défense nationale ; il faut les lui donner, non sans esprit de retour, mais avec l'espoir que ce n'est là qu'un sacrifice essentiellement provisoire, essentiellement temporaire, car je le reconnais avec

(1) Etait-ce là, oui ou non, une fantasmagorie de chiffres ?

mes honorables contradicteurs, la raison humaine ne peut admettre la durée prolongée d'un pied de paix qui transforme l'Europe en un vaste camp retranché et palissadé, avec un effectif de 2.800.000 hommes pour l'entretien desquels ses diverses nations tirent annuellement de leurs trésors respectifs la somme véritablement exorhibante de 80 millions de livres sterling (2 milliards), — le calcul a été fait en Angleterre.

« Messieurs, en quelques mots, je me résume et je conclus.

« En adoptant la loi dont la discussion vient de s'ouvrir, IL N'EST NULLEMENT QUESTION, à mon point de vue du moins, DE NOUS TRANSFORMER EN UN PEUPLE DE SOLDATS, de nous *encaserner*, suivant la récente expression d'un orateur illustre, encore moins d'élever l'ombre même d'une menace contre l'autonomie ou l'indépendance des nations voisines. La France est assez grande, désormais, sans qu'elle ait à rêver d'autres conquêtes que celles qu'elle réalise chaque jour dans le monde par la orce des idées, par la diffusion des lumières, par l'initiative du progrès en toutes choses. Il s'agit uniquement pour elle, et temporairement espéons-le, de mettre ses armements militaires au niveau de ceux des autres puissances.

Ces patriotiques appels auraient dû émouvoir toute l'Assemblée ; la majorité salua de ses applaudissements les paroles du député de Thionville, mais les républicains ne furent pas touchés, ils ne désarmèrent point.

LES RÉPUBLICAINS ORGANISATEURS DE LA DÉFAITE

Tandis que Napoléon III et les plus fidèles défenseurs de la dynastie soutenaient ainsi patriotiquement la nécessité de mettre la France en état de lutter contre n'importe quel agresseur, les républicains, allaient continuer leur opposition criminelle.

Nous continuons pour notre démonstration à nous reporter aux pièces officielles.

Discours de M. Jules Simon.

A peine le nouveau projet est-il déposé que les républicains renouvellent leur obstruction. Ils sont fidèles au mot d'ordre parti du Café Procope.

M. Jules Simon, prend le premier la parole :

« Messieurs, jamais assemblée n'a eu a discuter une loi plus grave que celle qui est en ce moment soumise à vos délibérations. Je me propose d'examiner quelle est l'étendue des sacrifices que cette loi demande au pays, quelles sont les circonstances qui dans la pensée de ses auteurs ont rendu le sacrifice nécessaire et enfin, si en faisant le sacrifice qu'on lui demande, le pays obtiendra le résultat qu'on veut atteindre.

Vous savez, Messieurs, que le projet de loi que vous avez maintenant devant vous est un projet transformé: l'année dernière quand il a paru pour la première fois, il avait un aspect tout autre.

Il importe de se rappeler le premier projet parce que dans certains cas il sert d'explication au second. Je puis dire que le premier projet avait pour but principal de demander une force armée de 1.200.000 hommes !

Il n'y a pas bien longtemps, c'était en 1857, le chef de l'Etat s'adressant aux chambres leur disait qu'il fallait arriver pour maintenir la situation de la France en Europe, pour maintenir sa dignité, son importance et son influence a un effectif de 600.000 hommes.

Nous trouvions cela excessif et voilà qu'à présent au lieu de 600.000 hommes on nous parle de 800.000; et quand on nous parle de 800.000 on sous-enteud qu'il y aura encore derrière, 400.000 hommes de la garde mobile !

Mais qu'est-il donc arrivé? Quelle est la politique qui nous a conduit là?

Quel est le système de gouvernement qui nous coûte si cher?

Messieurs Glais-Bizoin et Ernest Picard. — C'est le fruit du gouvernement personnel (*murmures*).

Jules Simon. — Messieurs, après la liberté et l'ordre ce que les peuples demandent avec le plus d'insistance à ceux qui les gouvernent c'est l'abaissement de l'impôt, c'est l'abaissement de l'impôt d'argent et l'abaissement de l'impôt du sang (*Rumeurs diverses*).

Aujourd'hui, on nous demande un sacrifice au nom d'une politique qui au-dedans ne nous a pas donné la liberté, qui nous avait promis en échange l'influence et même la prépondérance au dehors et qui est obligé de venir nous dire maintenant que nous en sommes réduits à armer la nation entière, non point pour monter, mais simplement pour ne pas déchoir ! (*très bien à gauche*).

. . . .

Pour moi je ne suis pas de ceux qui croient à cette guerre très prochaine ; personne à mon sens n'y a intérêt.

Je ne vois pas en effet que la Prusse ait intérêt à faire la guerre à la France parce qu'elle a les yeux sur le midi de l'Allemagne et qu'elle a chez elle à lutter et à s'organiser ; et je ne vois pas davantage que vous ayez intérêt à faire la guerre parce que vous n'arriveriez qu'à accélerer ce que vous voulez épargner.

JE SUIS DE CEUX QUI PENSENT QUE L'ALLEMAGNE COMPLÈTEMENT UNIE, SERA MOINS REDOUTABLE POUR VOUS, QUE LA CONFÉDÉRATION DU NORD SOUMISE A L'HÉGÉMONIE DE LA PRUSSE.

Je compte sur les tendances démocratiques qui ne manqueront pas de se faire jour dans un parlement vraiment allemand.

Je suis convaincu que dans l'Allemagne COMPLÈTEMENT UNIFIÉE *vous trouveriez des sympathies qui aujourd'hui vous font défaut.*

Je ne crois pas je vous le répète à une guerre probable.

Nombre d'historiens ont reproché à Napoléon III

d'avoir amené la reconstitution de l'Empire allemand.

Par le discours de M. Jules Simon on voit clairement que l'opposition républicaine préférait l'unité allemande actuelle à la confédération germanique telle qu'elle avait été créée après Sadowa.

Il semble que ces sinistres farceurs n'aient eu qu'un double but :

1° A l'intérieur : détruire l'armée.

2° A l'extérieur : favoriser l'unité d'Etats qui deviendraient un danger permanent pour le pays.

M. Jules Simon insulte l'armée.

Jusqu'à cette époque nul n'avait osé mettre en doute la bravoure de nos soldats. Mais M. Jules Simon après avoir essayé de démontrer que la Prusse ne pouvait ou ne pourrait avoir aucun intérêt à nous attaquer, jette par des paroles sacrilèges qu'on va lire, le discrédit sur notre armée.

M. Jules Simon. — Quant à moi qui ne suis pas militaire...

Le général Allard. — On le voit !

M. Jules Simon. — Cela se voit comme le dit très bien M. le général Allard et j'espère que je le montrerai de plus en plus.

Quant à moi, disai-je, je ne puis m'empêcher de penser que ce n'est pas seulement le soldat qui fait la force d'un pays. Je crois que l'étude attentive, la science de la géographie, toutes les connaissances que possède si bien l'honorable général Allard, qui me reproche mon ignorance, je crois que toutes ces connaissances sont d'une importance capitale, qu'une campagne bien prévue, bien étudiée, bien concertée est une campagne à à moitié gagnée.

Et quant au soldat lui-même, si vous ne regardez que *lui* qu'est-ce qui fait le soldat ?

Nous sommes habitués en France à certaines fanfares qu'on appelle chauvinisme et qui perdent un peu de terrain tous les jours. On dit sur tous les tons que le soldat français est le premier soldat du monde ; je n'en sais rien, mais je veux le croire ! (*Réclamations et murmures*).

Plusieurs membres. — Comment vous n'en savez rien !

D'autres membres. — Il l'a assez prouvé !

M. Granier de Cassagnac. — Il n'y a que vous qui l'ignorez !

M. Jules Simon. — Je crois qu'il y a ailleurs que chez nous, de très bons et très puissants soldats, et je suis persuadé que ceux qui les ont combattus à la tête de notre armée leur rendent pleine justice.

Pour moi, je me borne à dire que si nos soldats n'ont pas de supérieurs, ils ont peut-être des égaux ; mais le moyen de faire de nos soldats les premiers soldats du monde si vous ne le savez pas, moi je le sais ! — (*Ah! ah! on rit!*)

Oui messieurs je le sais ! (*Voyons! voyons*)*!* Ce qui fait le soldat indomptable c'est la cause qu'il soutient *très bien à gauche*).

Voilà les événements de Sadowa qui, l'année dernière

ont trompé les prévisions des plus habiles généraux.

Eh bien ! Je suis allé sur les lieux... (*ah ! ah !*)... étudier les causes morales de la victoire et en voici une que je vous apporte.

C'est qu'il y avait dans certaines parties de l'armée autrichienne comme un sentiment inconscient de l'utilité pour elle, d'être vaincue. (*Réclamations et rumeurs*).

M. Jules Simon. — Et quand je leur ai dit : Vous paraissez vous plaindre de n'avoir pas été battu à Sadowa, il y en a qui m'ont répondu : oui ! (*nouvelles rumeurs !*)

Un membre. — C'étaient des patriotes !

M. Jules Simon. — Vous me direz que ce sentiment est inintelligible pour un Français ! Oui, certes. Mais ceux dont je parle voyaient d'une part la patrie anti-autrichienne et de d'autre la patrie allemande ; ici la maison de Habsbourg, là les espérances de la liberté.

— Ne le niez pas ; ce qui a fait la force de l'armée française autrefois et sa plus grande puissance, c'est la cause sacrée qu'elle avait à défendre ; une cause qui était un hors-d'œuvre pour cèux qui se battaient contre nous ; et pour nous, la source puissante et féconde de l'enthousiasme (*Approbations à gauche. — Bruits à droite*).

Oui, Messieurs, il n'y a qu'une cause qui rende les armées invincibles, et malheureusement cette cause n'est pas celle que nous défendons en ce moment : cette cause c'est la liberté (*Exclamations et rumeurs*) !

Aux yeux de M. Jules Simon il ressort que si l'Autriche a été vaincue, c'est parce que les soldats autrichiens arrivèrent sur les champs de batailles avec l'idée bien arrêtée, qu'il valait mieux pour eux se faire battre par la Prusse que de sortir vainqueurs du conflit !

Quand on songe que c'est avec de pareils raisonnements qu'on endormit la France, on n'a pas sous la plume de qualificatifs assez vifs pour stigmatiser l'œuvre dissolvante des républicains d'alors.

POUR ALARMER LE PAYS

Mais le discours de Jules Simon n'est pas un fait isolé ou un geste personnel ; il traduit exactement le sentiment des membres de l'opposision républicaine et la preuve en est fournie dans le discours que prononça M. Magnin le lendemain, c'est-à-dire à la séance du 20 décembre 1867.

Oui, M. Magnin qui est aujourd'hui un des princes de la République, M. Magnin le vice-président actuel du Sénat fut, avec les Favre, les Pagès et Simon, l'homme le plus coupable et le plus néfaste à son pays.

C'est lui qui fit ce procès des armées permanentes avec une extrême violence, déclarant qu'elles étaient désormais condamnées et que la forme d'une nation ne pouvait se trouver que dans une démocratie armée.

Autrement dit M. Magnin proposa les milices à l'heure où l'Allemagne songeait à nous envahir. M. Jaurès ne fait, après tout, à l'heure actuelle, que réciter les leçons des fondateurs de la République. Voici les passages essentiels des discours alarmistes que prononça M. Magnin à la séance du 20 décembre 1867 :

Messieurs, il n'y a pas eu depuis longtemps de projet de loi qui ait ému aussi profondément, aussi universellement le pays que celui qui est actuellement en discussion.

En effet, il n'en est pas que je sache qui touche d'une manière plus directe et plus intime aux intérêts des citoyens, aux intérêts des familles et à leur liberté d'action.

Je vous demande la permission de le définir d'un seul mot : ce projet de loi mit tous les Français valides âgés de 20 ans sous les drapeaux soit à titre de soldat de la réserve, soit à titre de membre de la garde nationale mobile.

Il a pour conséquence d'élever notre état militaire de 600.000 hommes à 1.221.000. Voilà, Messieurs, le résultat qu'atteindra ce projet de loi si vous le sanctionnez de votre vote.

Et M. Magnin de combattre le projet de loi, avec

une énergie farouche, sous prétexte que c'était un trop grand sacrifice imposé au pays !

Le futur vice-président du Sénat trouvait excessif d'imposer la loi militaire à tout jeune homme de 20 ans ; ce qui ne l'empêchera pas, plus tard, après la guerre, de tonner contre les institutions militaires de l'Empire sous prétexte que le service aurait dù être surtout personnel et obligatoire.

Et pourtant lorsque l'Empereur déposa un projet en ce sens, c'est-à-dire, même obligatoire pour tout citoyen français âgé de 20 ans ; il n'y eut qu'un cri dans l'opposition républicaine, pour blâmer un projet qui allait « décapiter la France intellectuelle ».

D'autre part, M. Magnin est effrayé par l'augmentation de nos contingents.

Pensez-donc ! 1.221.000 hommes sous les drapeaux ! à quoi donc peut servir une armée aussi formidable, si l'empereur n'a derrière lui quelque espoir de conquête ?

Et ainsi les Républicains alarment le peuple ; par d'aussi perfides insinuations, ils le troublent et ils le trompent sur sa force réelle.

Car nous n'avons pas comme M. Magnin l'affirmait, une armée de 600.000 hommes ; à l'heure ou se discutait le projet de loi, nous n'avions hélas et on ne l'ignorait pas dans l'opposition qu'une armée squelette de 250.000 hommes !

Et M. Magnin à la même séance du 20 décembre 1887, termine son discours en ces termes :

Messieurs, ce projet de loi a subi des phases bien diverses. Il y a, à peu près exactement un an, qu'il a été présenté au pays pour la première fois. Une haute commission militaire, avait été réunie sous la présidence de l'Empereur ; cette commission avait élaboré un projet et je crois qu'il n'est pas inutile dans cette discussion générale de présenter en quelques mots l'historique de ce projet, afin d'indiquer et de bien faire voir les modifications qui y ont été apportées surtout grâce à la pression de l'opinion publique (*assentiments à gauche*).

Le 12 décembre 1866, *Le Moniteur* annonça à la France qu'une nouvelle organisation allait lui être présentée.

Cette organisation militaire dans ses points principaux contenait ceci :

On devait appeler sur la classe qui, tous les ans, est approximativement de 326.000 hommes, 160.000 hommes c'est-à-dire la totalité du contingent.

Cette totalité du contingent se divisait ainsi : armée active comprenant 80.000 hommes ; réserve comprenant 80.000 hommes, qu'on divisait en deux bans, l'une et l'autre de ces classes devaient donner six ans de service sous les drapeaux.

On créait ensuite une garde nationale dont la durée de service était de 3 ans. Au moyen de cette combinaison, on obtenait un chiffre de 1.223,000 soldats.

Vous le voyez, tous les hommes valides étaient bien réellement par le projet de cette époque, mis sous les drapeaux et *Le Moniteur* nous annonçait que son but était de créer une institution définitive, non une institution transitoire et que le but qu'il poursuivait était de discipliner la nation entière! »

*
* *

Le lendemain 21 décembre, M. Magnin reprend la parole.

Il cherche à établir que la France a dépensé trop d'argent pour la mise en état de son armement :

Si je prends et dans toute discussion je veux toujours prendre les chiffres officiels sur lesquels il ne peut y avoir de contestations qu'au point de vue comme le disait M. le ministre de la guerre, des conséquences qu'on peut en tirer — si je prends les chiffres officiels et si je commence par le buget de 1867, celui qui dans 10 jours sera clos et terminé, je trouve qu'au budget de

1867 vous avez voté pour l'armée de terre une somme de 398 millions et, pour la marine, une somme de 185 millions. Je suis obligé d'y ajouter une somme de 158 millions qui l'année dernière a été dépensée sans aucun vote préalable de la Chambre, mais qui a reçu de vous un bill d'indemnité qui l'a inscrit au chapitre des crédits supplémentaires.

Si j'ajoute à ces sommes réellement votées et dépensées, une quatrième somme qui nécessairement doit figurer au chapitre de la dépense de l'armée et qui est relative aux intérêts des emprunts faits depuis 1855 et appliqués successivement à la guerre, je trouve de ce chef un chiffre de 110 millions.

Il convient encore pour avoir la somme totale que coûte à la France son état militaire d'ajouter la somme que tous les hommes qui sont sous les drapeaux produiraient au pays, tandis que dans l'état militaire, non seulement ils ne produisent rien, mais encore ils consomment sans produire ! (*approbations à gauche*) !

Et M. Magnin estime que cette loi nécessitera un accroissement de dépenses de 60 millions par an ! Qu'il vaut mieux améliorer la situation budgétaire, dégrever les citoyens, au lieu de gaspiller des millions à l'organisation de l'armée.

Coût : 5 milliards et l'Alsace-Lorraine !

Chiffres en mains, M. Gressier rapporteur lui répond par ces paroles qui devaient plus tard inspirer au maréchal Niel une apostrophe tristement prophétique !

La France ne peut mettre en ligne qu'une armée de 280.000 hommes ! (*Interruptions diverses.*) Est-ce que ce chiffre est suffisant ?

Laissez-moi vous dire que les faits répondent pour moi et qu'ils parlent très haut ! »

Puis plus loin parlant de l'influence néfaste des politiciens M. Gressier s'écrie :

Ne soyons donc, personne de nous, pour des préoccupations que je voudrais éloigner de ces débats, inconséquents, et qu'on ne vienne pas dire : Vous défendez et vous votez cette loi par ce que vous voulez la guerre !

Comment ? je veux la guerre et je me retire les moyens de la faire ! Comment, je veux la guerre et à contingent légal j'arrive à ce résultat d'avoir, à la suite du contingent prochain, une armée plutôt moins forte de quelques mille hommes.

MM. Ernest Picard et Rouher.

Mais M. Ernest Picard n'est pas content d'un pareil langage et à la page 1602 troisième colonne du *Journal Officiel* nous trouvons ces paroles suggestives :

Vous voulez augmenter les ressources de la France ; pour les augmenter, vous voulez appeler sous les drapeaux, un plus grand nombre d'hommes !

Moins fatalement vous êtes obligés de reconnaître que ce que vous donnerez de force militaire au drapeau, en augmentant le nombre des hommes, vous l'enlevez au pays en diminuant la force de production.

Voilà ce qui est démontré depuis dix ans par des faits tellement saisissants, qu'il me semble que ce projet de loi n'aurait dû trouver dans cette enceinte que des résistances !

Et plus loin, même page, 5e colonne, Ernest Picard conclut en ces termes :

Nous venons vous démontrer une fois de plus, dans une circonstance solennelle (car vous l'avez reconnu, cette loi intéresse à la fois et l'honneur et les intérêts les plus chers du pays), nous venons vous demander résolument de manquer de confiance envers le gouvernement, dans une certaine mesure et de retenir par devers vous. le droit qui nous appartient ! »

A ces mots pleins de sous-entendus, M. Rouher répondit au nom du gouvernement.

Si l'honorable M. Jules Favre a voulu faire allusion à l'idée que le projet de loi qui vous est soumis était l'indice du désir ou de la volonté d'une guerre prochaine ; dès à présent, je n'hésite pas à protester de la manière la plus énergique, contre une semblable interprétation ! (Applaudissements.)

M. Magnin propose les milices.

Non content d'avoir péroré plusieurs heures contre le projet en discussion, M. Magnin monte le lendemain à la tribune, et dans la séance ou 22 décembre 1867, il affirme ; jouant au prophète que les armées permanentes sont désormais jugées et condamnées.

Commenter un discours serait en affaiblir la portée et nous ne pouvons résister au plaisir de le soumettre à tout français impartial. Les patriotes ne manqueront pas à leur tour de juger et condamner sévèrement l'homme, qui affalé actuellement dans son fauteuil vice-présidentiel, doit, s'il a une conscience, regretter amèrement son œuvre dissolvante et anti-nationale.

M. LE PRÉSIDENT SCHNEIDER. — La parole est à M. Magnin.

M. MAGNIN. — Je dois tout d'abord adresser à la Chambre

un double remerciement pour m'avoir prêté hier soir, malgré l'heure avancée sa bienveillante attention, ensuite pour m'avoir permis de terminer aujourd'hui le discours que j'avais l'honneur de prononcer devant elle.

. . . .

Avant de passer au point de vue politique c'est-à-dire à l'influence de la loi sur notre politique et à l'influence que la politique a eue sur la présentation de la loi, je vous demanderais la permission d'aborder quelques considérations plus générales.

Votre loi a évidemment pour but de constituer, sur une base encore plus large et plus étendue l'armée permanente.

Je ne veux pas discuter devant vous cette grande question des armées permanentes ; elle le sera en temps et lieu par un des auteurs d'un amendement que j'ai eu l'honneur de signer ; je ne vous en dirai que quelques mots, au point de vue de la conscription et de la loi de 1832.

Les armées permanentes en théorie, sont jugées condamnées (*Rires négatifs*).

Je crois que dans un avenir prochain les armées permanentes disparaîtront comme disparaissent tant de choses que l'on croit immuables et impossibles à remplacer.

Et reportant ma pensée a vingt années de distance, je trouve qu'alors que dans cette enceinte on parlait du suffrage universel, la chambre presqu'à l'unanimité se soulevait en disant : jamais ! jamais !

Ce fameux mot était déja inventé. Jamais ! et un mois après, un mois seulement, le suffrage universel était proclamé et la première fois qu'il fonctionnait, il donnait à la France une grande assemblée, l'assemblée constituante, qui par son travail, par son énergie, par l'amour qu'elle porta au pays mérita bien de l'histoire et y occupera une grande place (*Très bien! très bien! à gauche*).

M. Magnin. — Eh bien ! Messieurs, ce que vous ne voulez pas au mois de décembre 1867, je n'ose pas dire que vous le voudrez dans un mois ; mais certainement l'avenir appartient à la démocratie et non pas aux armées permanentes.

Je ne veux, Messieurs, pour condamner les armées permanentes que ce seul fait : c'est qu'avec elle, dans un grand pays comme la France, il est indispensable d'admettre le remplacement :

Que vous ayez des coupures de 5 ans de 7 ans ou de 9 ans, il est complètement impossible et personne ne diffère d'opinion sur ce point de forcer tous les jeunes gens à servir.

Vous décapiteriez la nation au point de vue intellectuel si vous forciez tous les jeunes gens à servir : vous n'auriez plus ni beaux-arts, ni littérature, ni industrie, ni commerce, ni science.

Eh bien! une institution qui vous force à violer ainsi le grand principe de l'égalité et le grand principe de la proportionnalité de l'impôt cette institution est évidemment une mauvaise institution (*très bien! très bien ! à gauche*).

La conscription elle-même à laquelle vous êtes obligés d'avoir recours pour former notre armée permanente, n'est-ce pas de tous les impôts, le plus injuste, le plus mal réparti ? (*Vives interruptions*).

C'est un impôt de capitation et par ce fait même c'est un impôt anti-proportionnel.

Cet impôt est payé par le pauvre de la façon la plus dure ; il est payé par le riche sur son superflu. C'est là un mauvais impôt.

On lui a donné le nom d'impôt du sang, cet impôt a été condamné !... (*Vive agitation.*)

M. Granier de Cassagnac. — C'est l'impôt de l'honneur !

Voix a gauche. — Ne répondez pas ! Vous êtes dans le vrai !

M. Magnin. — Et maintenant qu'elles ont été les raisons de la présentation du projet de loi ?

Comment est-il éclos dans la pensée du gouvernement ?

Il faut ici que vous me permettiez de vous porter à quinze ou dix-huit mois de distance et de vous faire en quelques mots, l'historique de votre politique étrangère depuis le printemps de 1866.

Vous avez tous présente à l'esprit cette séance du mois de mai 1866 dans laquelle discutant le contingent, l'illustre M. Thiers se leva, vous fit un magnifique discours et demanda pour son pays — ce qui était le souhait le plus patriotique — la paix. La Chambre s'y associa spontanément.

Les événements de la Prusse s'annonçaient à cette époque là.

. . . .

Le coup de tonnerre de Sadowa retentit puis un grand silence se fit et nous arrivons à la célèbre circulaire de M. de Lavalette annonçant que tout était pour le mieux, que la Prusse était agrandie, qu'il était naturellement désirable pour elle de s'agrandir, que nous étions sympathique aux grandes agglomérations, mais cependant qu'en présence des faits, la France était obligée d'armer un plus grand nombre de soldats !

L'agent de l'étranger.

M. Magnin, l'ex-gouverneur de la Banque de France semble s'indigner devant un langage aussi ferme que digne.

Dans sa circulaire M. Lavalette pouvait-il tenir des propos autres que ceux qu'il tint ?

Ne fallait-il pas s'incliner devant un fait accompli puisque nous n'étions pas en état de dicter par les armes nos volontés à la Prusse victorieuse ?

Mais néanmoins, notre voisin d'outre-Rhin devenant de plus en plus ambitieux et agressif le gouvernement impérial avait compris — et bien avant cette date — qu'il fallait à tout prix assurer la défense nationale.

Voilà ce que tous les esprits clairvoyants souhaitaient, tandis que les républicains combattaient à outrance un projet de loi qui, s'il avait été voté, aurait épargné au pays la catastrophe qui devait éclater trois ans plus tard.

Et non seulement M. Magnin critique les dispositions du projet de loi, mais encore il se constitue à la tribune française l'avocat de l'Etranger ?

Il s'inquiète de ce que penseront nos voisins quand ils apprendront que nous avons reconstitué les cadres de notre armée, comme si la Prusse trois ans auparavant avait demandé à l'Europe l'autorisation de fortifier son armement pour écraser l'Autriche à Sadowa !

Et à cette même séance du 22 décembre 1867, M. Magnin continue et termine son discours par cette page que nous dédions à tous les patriotes français :

M. Magnin. — Quelque temps après la Chambre se réunit ; une partie de la Chambre était inquiète des événements ; inquiète parce qu'elle voyait poindre à l'horizon ces nuages noirs dont j'aurai l'occasion de vous parler et d'un autre côté parce qu'elle voyait devant elle, cette loi militaire qui devait être une lourde charge pour le pays !

Voilà les faits qui ont amené le projet de loi et ces faits je les caractérise d'un seul mot : c'est la politique équivoque du gouvernement, je pourrais même dire, car c'est mon sentiment, la mauvaise politique du gouvernement !

. . . .

Mais quelle influence a cette loi sur la politique étrangère de la France?

Cette loi inquiète les nations voisines ; elle fait dire à tous les peuples : la France que nous ne voulons pas menacer a donc des arrières-pensées d'agrandissement ou de conquête, puisqu'elle arme ses soldats, puisqu'elle augmente son état militaire?

Et ainsi se répandent en Europe ces pensées, ces idées de colère et de défiance contre la France.

Ainsi, Messieurs, l'inquiétude est partout, dans tous les esprits, la confiance n'est nulle part et soyez convaincus qu'en dehors de nombreuses raisons que je n'ai pas ici à examiner dans cette discussion il en est une et très importante ; c'est la présentation de ce projet de loi militaire qui trouble les esprits, enlève la confiance et jette chacun dans de cruelles perplexités. (*Dénégations sur un grand nombre de bancs. Assentiments à gauche.*)

M. Magnin. — *Je vous ai dit que, à mon avis, les armées permanentes étaient jugées et condamnées et qu'elles seraient je l'espérais, prochainement remplacées ; je ne vous ai pas indiqué mon opinion à cet égard : c'est, vous l'avez bien prévu par l'armement de la nation, c'est par l'armée démocratique !* (Ah ! Ah !)

Oui, Messieurs, il n'y a que l'armement général du pays alors que nous serions menacés par l'étranger, qui pourrait le rejeter hors de nos frontières : l'histoire vous en offre des exemples.

Je repousse donc la loi parce qu'elle est une sur-

charge imposée à la population ; je la repousse, parce qu'elle est anti-démocratique, anti-égalitaire et laissez-moi espérer que les mandataires du suffrage universel ne voteront pas un accroissement aussi considérable! (Vives approbations à gauche.)

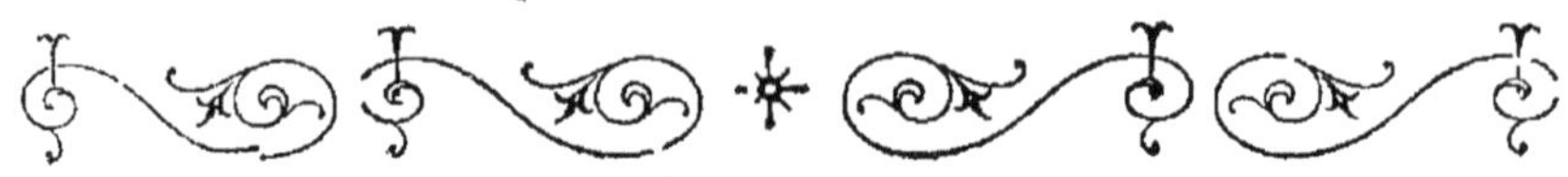

RÉPLIQUE DU RAPPORTEUR

Comme on le verra par la suite, de pareilles théories ne pouvaient être développées à la tribune, sans une riposte énergique des représentants du gouvernement.

M. Gressier rapporteur de la commission n'eut aucune peine à refuter les théories insensées de M. Magnin. Il le fit dans un langage fort simple mais plein de bon sens et de patriotisme.

Discours de M. Gressier.

M. Gressier. — Messieurs, je viens au nom de la commission essayer de répondre aux principales attaques dirigées contre la loi. Je le ferai brièvement et sans aborder les détails qui seront mieux placés à la discussion des articles.

Mais, messieurs, je le ferai sans avoir l'espérance de ramener certains dissidents.

Ainsi quelques-uns et spécialement notre honorable collègue M. Magnin qui vient de quitter cette tribune, ont signé un amendement dans lequel ils demandent la suppression de l'armée ; ils ont la prétention de la remplacer par une garde nationale qui apprendrait le difficile métier de la guerre, en faisant le premier et le troisième dimanche de chaque mois l'exercice et en se rendant une fois tous les six ans, à un champ de manœuvres qui durerait trois mois. (*Rires sur un grand nombre de bancs.*)

Je sais que les partisans de cette opinion conseillent au pays de désarmer et qu'ils lui disent :

Donnons l'exemple, toutes les nations voisines nous imiteront.

M. Garnier Pagès. — C'est positif !

M. Gressier (*rapporteur*). — Je me permets de répondre à l'honorable M. Garnier Pagès qui m'a dit : — « c'est positif » — que de la part d'un autre, je comprendrais ce mot, mais que de sa part je le comprends moins.

Il a eu charge de peuple ; il a été à une époque l'un des ministres de ce grand pays ; or, si par impossible les nations voisines ne désarmaient pas, que deviendrait la France qui aurait donné l'exemple ? (*Très bien ! Très bien !*)

M. Garnier Pagès. — Donnez la liberté et vous pourrez désarmer ! (*Rumeurs.*)

M. Gressier (*rapporteur.*) — Qu'il me permette de lui demander, pourquoi à ces nations voisines qu'il a visitées et dont il vous a rapporté à cette tribune les impressions et les sentiments, il ne dirait pas d'abord : (*Messieurs les voisins désarmez les premiers !*)

Mais je le répète, je ne parle pas pour ceux qui ont cette opinion ; je n'ai pas la prétention de les ramener à celle de la commission qui, elle, est convaincue que tant que les nations voisines n'auront pas désarmé, il faut que la France reste avec son armée ! (*Vifs applaudissements sur un grand nombre de bancs.*)

A cette riposte de M. Gressier que fait M. Magnin? Il dépose alors, avec ses collègues républicains, un projet de loi tendant à supprimer purement et simplement les armées permanentes en les remplaçant par une sorte de milice.

CONTRE-PROJET DE DÉSARMEMENT

Les documents que nous publions sont à la portée de tout le monde. Ceux qui auraient quelques soupçons, sur leur authenticité, ceux qui pourraient croire que nous en avons dénaturé le sens en les présentant sous un autre aspect, pourront les contrôler au *Journal Officiel* de l'époque autrement dit : *Le Moniteur*.

Quand on songe que le Corps législatif, perdait un temps si précieux à discuter de pareils contre-projets ; quand on pense que ces fameux patriotes républicains réclamaient le désarmement de notre puissance militaire alors que la Prusse fourbissait ses canons et préparait Sedan, on a l'âme singulièrement angoissée et on se demande si l'opposition d'alors ne cherchait pas à précipiter la France dans un guet-apens bismarckien afin d'usurper le pouvoir dans un moment d'affolement général.

Que tout Français médite légèrement ce contre-projet de M. Magnin que nous publions, *in extenso* et qu'on se demande si c'était bien le moment de proposer une monstruosité pareille alors que le triste écho des canons victorieux de Sadowa, aurait dû être pour nous comme l'écho au pas cadencé des ennemis » marchant contre la France !

A la séance du 23 décembre 1867, ce projet de désarmement est déposé.

M. LE PRÉSIDENT SCHNEIDER. — J'appelle l'attention de la Chambre sur les divers contre-projets qui doivent précéder la discussion de l'article premier.

Le premier contre-projet à mettre en délibération est un amendemeut sous le numéro 10 — qui est sous les yeux de la Chambre, contre-projet en 16 articles signé : MM. MAGNIN, JULES SIMON, BETHMONT, HÉNON, ERNEST PICARD, JULES FAVRE.

En voici le texte :

ARTICLE PREMIER. — *Tout citoyen français doit à l'Etat le service militaire.*

La force militaire est divisée en trois classes. La première classe comprend tous les citoyens de 20 à 26 ans ; la deuxième classe tous les citoyens de 26 à 34 ans ; la troisième classe tous les citoyens de 34 à 40 ans.

Art. 2. — *Tout citoyen inscrit dans la première classe est tenu : 1° à assister à l'école de recrutement pendant la première année de son service dans cette classe ; 2° à assister chaque année aux exercices du tir et à l'école de répétition ; 3° à assister une fois dans le cours des six années à un camp de manœuvres.*

Art. 3. — *La durée de l'école du recrutement est fixée à* trois mois.

Elle est réduite à un mois *pour ceux qui prouveront : 1° qu'ils ont reçu une instruction primaire complète ; 2° qu'ils connaissent le maniement du fusil et la manœuvre du peloton et du bataillon !*

Art. 4. — *Les exercices du tir ont lieu le premier et le troisième dimanche de chaque mois : ils sont précédés ou suivis d'*une heure *de manœuvre.*

Art. 5. — *La durée de l'école de répétition est fixée à 10 jours.*

Art. 6. — *La durée du camp de manœuvre est fixée à trois mois. Les jeunes gens inscrits sur le registre d'inscription de l'une des écoles de l'Etat peuvent obtenir de n'assister au camp de manœuvres qu'après l'expiration de leur temps d'études.*

Art. 7. — *Les citoyens inscrits dans la deuxième classe assistent aux exercices du tir et à l'école de répétition, comme ceux de la première classe.*

Ils assistent une fois pendant leur service dans cette classe à un camp de manœuvre dont la durée est réduite à un mois.

Art. 8. — *Les citoyens inscrits sous la troisième*

classe ne sont astreints qu'à suivre les exercices du tir.

ART. 9. — *La durée des écoles de toute nature est augmentée de moitié pour les sous-officiers ; elle est doublée pour les officiers.*

ART. 10. — *Les officiers, sous officiers et soldats reçoivent une solde du trésor public pendant le temps qu'ils passent sous le drapeau.*

Les officiers et sous-officiers chargés d'une façon permanente de l'instruction des corps et des divers services d'intendance reçoivent un traitement annuel et ont droit à une pension de retraite.

ART. 11. — *Les corps spéciaux comprenant le génie, l'artillerie, la cavalerie et la gendarmerie, sont formés par des engagements.*

Ils reçoivent une haute paye.

ART. 12. — *Sont dispensés du service : 1° les ministres des différents cultes ; 2° les fils aînés des veuves ; 3° les jeunes gens qui n'atteignent pas la taille de 1m,54 ; 4° ceux que le conseil de révision reconnaît actuellement impropre au service. Cette dispense peut-être renouvelée d'année en année ou déclarée définitive.*

ART. 13. — *Peuvent être exemptés sur leur demande les fonctionnaires âgés de 25 ans au moins qui prouveront que les nécessités présentes de leurs fonctions sont incompatibles avec le service militaire. Cette exception peut être renouvelée d'année en année.*

ART. 14. — *Dans toutes les écoles de l'Etat de tous les degrés, les jeunes gens de douze à vingt ans, sont exercés trois fois par semaine, au maniement des armes et aux manœuvres militaires.*

ART. 15. — *La présente loi sera exécutoire à partir du 1er juillet 1869.*

ART. 16. — *Jusqu'à la mise en vigueur de la présente loi, la loi de 1832 est maintenue.*

Néanmoins la durée du service actif est réduite à 3 ans.

ART. 17. — *La loi de 1855 est abrogée.*

Et aussitôt la lecture du contre-projet les orateurs de l'opposition républicaine se font inscrire pour soutenir leur amendement aussi criminel qu'insensé et saisissant l'occasion de faire une fois de plus le procès des armées permanentes.

Nouveau discours de J. Simon.

M. le Président. — La parole est à M. Jules Simon pour développer ce contre-projet.

M. Jules Simon. — Messieurs, nous avons déposé l'année dernière un amendement que Monsieur le Président qualifie avec raison de contre-projet, parce qu'il contient un système complet, qui est précisément le système le plus opposé à la loi que vous discutez.

Le projet soumis à nos délibérations est à nos yeux une organisation de guerre; l'amendement que nous vous proposons est selon nous, une organisation de paix.

Cet amendement a été attaqué pendant la discussion générale avant même d'avoir été développé devant nous.

On a prétendu nous combattre, en attaquant le système des levées en masse; on nous a reproché de ne vouloir plus en France qu'une garde nationale fortifiée par trois mois d'exercice sous les drapeaux; on a aussi prétendu que nous voulions désarmer complètement la France en présence de l'Europe armée.

J'espère que les très courtes observations que je vais faire, vous démontreront que ce n'est pas là la situation que nous prenons et qu'aucune des réfutations qui ont été présentées ne nous réfute.

M. JULES SIMON. — Du reste, j'ai si peu le dessein d'affaiblir la portée de notre amendement en vous le présentant, sous son côté le plus acceptable, que je le résume dès à présent par les deux propositions suivantes : *Supprimer les armées permanentes ; armer la nation entière !*

(*C'est cela ! très bien ! à gauche*).

JULES SIMON. — Au moment où je déclare qu'il est temps de penser à détruire dans un avenir prochain les armées permanentes, je propose en même temps, un système qui doit rendre la France invincible chez elle.

Notre système comme je le disais tout à l'heure, n'étant qu'un plagiat, j'ai le droit de commencer par invoquer l'exemple d'une nation voisine, d'une petite nation à la vérité, mais qui a été célébré à toutes les époques de l'histoire par la fermeté et le courage de ses enfants et chez laquelle on ne peut dire qu'il n'y ait pas d'armée !

Au contraire, l'armée même est essentiellement vivante et puissante et remplit parfaitement le but auquel la constitution fédérale l'a destinée.

Il manque pourtant quelque chose à notre armée ainsi conçue : *c'est l'esprit militaire*, je le reconnais tout le premier.

Cette armée est une armée de citoyens qui se réunissent pour défendre leur pays et pour maintenir l'ordre. Ce n'est à aucun degré une armée de soldats.

L'esprit militaire est un esprit artificiel formé d'un grand nombre d'éléments très complexes.

Prendre un homme au milieu de sa famille, l'éloigner, car on y tient, de son pays natal, le faire changer fréquemment de garnison, l'obliger à demeurer dans une caserne, l'astreindre à sa vie commune, lui faire porter l'uniforme, lui faire traîner le sabre, même dans la vie ordinaire, au milieu d'une population à laquelle le port des armes est soigneusement interdit ; lui donner des lois qui ne sont pas celles des autres citoyens, des juges qui ne sont pas ceux des autres citoyens, lui inculquer de certains principes qu'on aurait tort d'inculquer au reste de la nation et qu'on est obliger de lui inculquer à lui ; lui dire par exemple que son premier devoir est d'obéir immédiatement et sans réflexion à ses chefs — je ne blâme rien, je constate — tout cela résulte du principe des armées permanentes et tout cela fait l'esprit militaire !

VIOLENTS INCIDENTS

A mesure que M. Jules Simon développe son contre-projet de désarmement, l'orateur républicain devient plus agressif et ses violences de langage excitant l'anti-militarisme de ses amis, provoquent une série d'incidents, qui permettront au lecteur de juger la mentalité, des Pagès, des Pelletan et des Magnin qui, deux ans plus tard, devaient fonder la République.

M. Jules Simon. — Quand je parle des conditions de l'esprit militaire et de la façon dont vous le formez, je ne vous reproche pas de vous tromper, mais d'être conséquent avec un système déplorable et de substituer chez le soldat, l'esprit militaire à l'esprit national.

M. Eugène Pelletan. — C'est l'esprit prétorien! (*Bruit.*)

M. Jules Simon. — Quand je dis que l'armée que nous voulons faire serait une armée de citoyens et qu'elle n'aurait à aucun degré l'esprit militaire, ce n'est pas une concession que je fais, c'est une déclaration, et une déclaration dont je suis heureux, car pieusement c'est pour qu'il n'y ait pas en France d'esprit militaire, pour qu'il n'y ait pas dans la nation un camp d'hommes, ayant des habitudes, des idées, des sentiments, différents de ceux de la nation entière, pour qu'il n'y ait pas une armée qu'on puisse à chaque instant lancer contre les pays étrangers et peut-être même dans des jours néfastes contre notre propre pays ; c'est pour qu'on soit, je ne dirai pas dans la nécessité d'aimer la paix, mais dans l'impossibilité de l'enfreindre, c'est pour cela précisément, qu'au lieu d'une armée imbue d'esprit militaire, nous voulons avoir une armée de citoyens qui soit invincible chez elle et hors d'état de porter la guerre au dehors !(*Applaudissements à gauche.*)

M. Garnier Pagès. — Le militarisme c'est la plaie de l'époque !

M. de Vast-Vimeux. — Il n'y a a pas d'armée sans esprit militaire !

M. Jules Simon. — Vous me faites l'honneur de me dire qu'il n'y a pas d'armée sans esprit militaire. Je comprends parfaitement votre interruption. S'il n'y a pas d'armée sans esprit militaire, je demande que nous ayons une armée qui n'en soit pas une ! (*Mouvements divers.*)

M. Eugène Pelletan. — Pas d'armée prétorienne! (*Vives rumeurs.*)

M. le Président. — Je demande à M. Pelletan de ne pas se servir d'expressions ayant un caractère blessant, celle qu'il vient de renouveler ferait croire qu'il veut porter atteinte à l'une des choses les plus respectées et les plus respectables de notre pays ! (*Très bien !*)

M. Eugène Pelletan. — Ce n'est pas dans cette salle qu'il faut le dire M. le Président ! (*Bruyantes protestations.*)

M. le Président. — Cela se dit partout, et peut se dire devant cette Chambre comme ailleurs ! (*Approbations.*)

M. Eugène Pelletan. — Cette salle vous donne un démenti formel M. le Président ! (*Rumeurs.*)

M. le Président. — M. Pelletan, je vous rappelle à l'ordre : c'est déjà trop que vous ayez manqué d'égard, pour ce que vous devez respecter en dehors de la Chambre ; je ne vous laisserai pas maintenant manquer de convenance vis-à-vis du Président qui a l'honneur d'être à la tête de cette assemblée ! (*Vive approbation.*)

M. Jules Simon. — Au moment où s'est produit cet incident, je répondais à un de mes honorables collègues pour le remercier d'une interruption qui me servait à préciser le caractère de mon système.

C'est précisément pour ne pas avoir une armée dans le sens qu'on attache à ce mot, c'est-à-dire une armée, ayant l'esprit militaire, que nous demandons sans ambages, vous le voyez, de supprimer l'armée permanente et d'armer la nation entière ! (*Mouvements.*)

A QUOI BON UNE ARMÉE?

Telle est la question que M. Jules Simon ose poser, trente mois, avant la guerre de 1870! Et c'est en ces termes que l'orateur républicain, répond lui-même à sa question :

Pourquoi avez-vous besoin d'une armée? Pour l'une de ces deux choses : ou pour porter la guerre au delà de nos frontières ou pour maintenir au delà, la volonté de la nation.

Je puis bien dire apparemment puisque vous déclarez en tête de toutes les lois que vous régnez par la volonté nationale que vous n'avez pas besoin de prétoriens, avez-vous donc besoin d'envahisseurs, vous qui ne cessez d'invoquer la paix ou d'attester vos résolutions pacifiques?

Ni prétoriens, ni envahisseurs, que seront donc vos soldats?

Oui, Messsieurs, j'ose le déclarer, la loi que vous présentez est la pire des lois.

Si vous étiez venus dire ici. Il faut faire la guerre, donnez-nous des hommes, eh bien ! malgré vos fautes passées (*Rumeurs*) nous en aurions peut-être subi les conséquences.

Mais nous demander de ne pas faire la guerre et nous demander toujours en hommes et en argent les sacrifices que la guerre exige !

M. Jules Simon, *termine alors son discours par cette supplique, qui malheureusement eut trop d'écho dans le pays :*

— Nous demandons avec la dernière énergie qu'on adopte notre contre-projet, car avec lui la France sera invincible chez elle et à l'abri de l'invasion ; elle n'aura à craindre ni envahisseurs au dehors, ni prétoriens au dedans.

Nous demandons que la nation soit armée tout entière et que l'armée permanente soit à jamais supprimée ! (*Vive approbation et applaudissements répétés à gauche.*)

A force d'entonner ces refrains de désarmement, le peuple, finissait lui aussi par se laisser séduire et les théories dissolvantes de l'Internationale ne devaient pas tarder à atrophier les forces vives de la Nation.

On fondait au Havre une ligue de désarmement,

tandis qu'à Paris, Ernest Picard disait devant ses électeurs.

— Si les Prussiens viennent en France, ils arriveront avec une branche d'olivier, signe de paix et de fraternité internationale !

Un autre orateur criait : *Canon, ton règne est fini* ! et ainsi, exploitant l'ignorance et la crédulité publique, les députés républicains, qui voyaient cependant le péril, puisque de tous côtés on armait à l'étranger, proposaient à cette heure grave le désarmement de notre puissance militaire !

Ces faits nul ne pourra les démentir.

Depuis trente ans, on dénature l'histoire du règne de Napoléon III, depuis trente ans, on rejette sur l'Empereur, les responsabilités de la guerre de 1870 ; on les rejette sur lui qui, au contraire, avait tout fait pour l'éviter comme on le verra par la suite.

RÉPLIQUE DU MARÉCHAL NIEL

MINISTRE DE LA GUERRE

Le Corps législatif retentissait de palabres humanitaires, qui imprimés le lendemain dans les journaux républicains avaient leur triste répercussion dans le pays.

A cette œuvre néfaste de démoralisation, la protestation du gouvernement impérial était nécessaire ; elle se produisit le jour même, où Jules Simon réclamait comme conclusion à son discours la *suppression des armées permanentes* et leur remplacement par les levées en masse.

Dans un langage éminemment patriotique, le Maréchal Niel dénonça le péril d'une pareille entreprise et ce fut à cette séance, que répondant à Jules Favre, il répliqua par cette apostrophe tristement prophétique.

— Prenez garde d'en faire un vaste cimetière !

Messieurs,

Ce qu'on vient nous demander, c'est d'armer la nation sans l'organiser et de supprimer l'armée permanente.

Plusieurs des orateurs qui ont précédés l'honorable M. Jules Simon ont déclaré que dans le cas où la France serait exposée à une agression qui menacerait sa sécurité, on aurait recours à la levée en masse.

Cette question de la levée en masse, je crois qu'il est bon de la traiter ; elle a été agitée plusieurs fois et je ne pense pas qu'on puisse donner à notre pays un conseil plus fatal que celui d'assurer un jour sa sécurité par la levée en masse !

En France 1791 et 1792 sous le régime de la levée en masse, les armées permanentes, ont été vaincues, mais grâce aux dispositions patriotiques dont étaient profondément animés les volontaires et les gardes nationales c'est une époque glorieuse pour nous.

Le pays a été sauvé, il ne faut pas l'oublier ; mais n'oublions pas aussi qu'il a été sauvé malgré la levée en masse !

Messieurs, beaucoup d'hommes illustres de l'Empire avaient vécu et servi sous la République ; ils ont conservé de la levée en masse un sentiment d'effroi, leurs mémoires, leurs discours à la Chambre des pairs ou à la Chambre des députés sont partout empreints de cette crainte que le pays eut la pensée de recourir une fois de plus à la levée en masse.

Tous ont tenu le même langage.

Le maréchal Gouvion Saint-Cyr, qui pendant toute sa carrière n'a cessé de se préoccuper de cette pensée, formulait ainsi l'opinion qu'un tel système avait laissé dans son esprit :

« La levée en masse, disait-il, n'a servi qu'à l'ennemi, « Ces hommes qu'on nous envoyait, sans aucune orga- « nisation épuisaient les pays où ils passaient, se jetaient « sur notre armée et y semaient l'indiscipline. »

Et cet homme éminent se résumait ainsi :

« C'est un grand malheur d'avoir besoin de la levée « en masse, plus grand est celui de s'en servir. »

Eh bien ! messieurs, la pensée de la levée en masse a été reprise par la Prusse au moment où elle venait de subir de grandes défaites, et où elle a dû penser à se réorganiser. Le principe fondamental de l'organisation militaire prussienne est écrit en tête de la loi ; c'est celui-ci :

L'armée permanente est l'école où la nation apprend à faire la guerre.

En effet, tous les jeunes gens, dès l'âge de 17 ans, sont inscrits dans la *landsturn* puis à partir de 20 ans, sauf des exceptions que l'honorable M. Jules Simon vous citait tout à l'heure, ils appartiennent pour 3 ans à l'armée permanente, d'où ils passent dans la réserve et y servent quatre ans ; à l'expiration de ces sept années ils doivent cinq ans à la *landwehr* ce qui fait qu'en Prusse on est soumis au service militaire, jusqu'à 32 ans. Enfin de 32 à 42 ans, ils font partie de la landsturm.

C'est ainsi un total de 22 années de leur vie que les citoyens doivent au service de l'Etat.

Le ministre de la guerre. — Au sujet du système qu'on vous propose et qui consisterait à armer tous les citoyens, on demande à leur apprendre dès le jeune âge, le maniement des armes.

Je ne m'y oppose pas et remarquez que dans notre loi, sur la garde nationale mobile, nous exemptons ceux qui connaissent ces premières notions de l'instruction militaire ; ce n'est pas là un encouragement donné à tout le monde pour apprendre le maniement des armes.

Revenons au projet qui vient de vous être développé ; vous acquerrez des hommes, qui possèderont plus ou moins le maniement des armes, et vous ne voulez pas qu'ils aient l'esprit militaire ; mais alors ils n'auront pas non plus de discipline.

Et vous voulez dans de semblables conditions, exposer la France à marcher un jour contre une *autre nation qui est probablement organisée et de longue main* où les exercices sont multipliés, où l'esprit militaire domine à un point que nous n'aurons peut-être jamais, où la hiérarchie du grade s'allie à la hiérarchie de la naissance, sans que la population en soit offensée !

Messieurs, laissons de côté les idées de levées en masse ; considérons ce qu'est une armée permanente à laquelle on fait le procès et que l'on voudrait abandonner.

Quoi ? Vous dites que c'est une armée de prétoriens !

Je déclare hautement qu'à aucune époque l'armée française n'a été organisée sur une base plus libérale qu'aujourd'hui. (*Marques d'assentiments*) !

Jamais il n'y a eu un roulement plus complet de l'armée vers la population et de la population vers l'armée.

Jamais, il n'y a eu une plus parfaite harmonie entre nos troupes et la nation. (*Nouvelles marques d'assentiment !*)

Nulle part ne s'élève un conflit !

Jamais les populations qui sont dépourvues de garnisons, n'en ont demandé avec plus d'insistances.

Jamais la discipline n'a laissé moins à désirer.

Examinons donc cette armée qu'on critique.

Ecartons tout d'abord de notre esprit, la pensée qu'une armée puisse s'improviser.

Une armée vit de ses traditions ; elle vit de sa gloire passée et des devoirs accomplis (*Applaudissements prolongés !*)

Ce qui fait la force de notre armée dont la constitution repose sur un recrutement né sous la République, apres les levées en masse et alors qu'après en avoir reconnu le danger, il avait fallu les abandonner — ce qui fait dis-je, la force de notre armée, de cette armée à laquelle, vous n'avez pas craint d'appliquer la qualification, aussi fausse, qu'injuste *d'armée de prétoriens*, c'est précisément que depuis le bout de l'échelle jusqu'en bas, vous y trouvez une chaîne non interrompue ; c'est qu'elle se compose d'hommes qui sont tous soldats, d'hommes qui sauf le grade, sont tous égaux par l'origine. (*Oui, c'est cela !*)

On n'entre pas dans l'armée sans être soldat ; la première condition que nous imposons aux jeunes gens à leur entrée dans les écoles militaires, c'est celle de contracter l'engagement du soldat et c'est à ce titre que l'élève renvoyé de Saint-Cyr, ce qui est heureusement rare, rentre dans un régiment.

LE MINISTRE DE LA GUERRE. — Maintenant, nous ne demandons à aucun Français, à son entrée dans l'armée, ni d'où il vient, ni ce qu'il fait ; nous lui demandons uniquement s'il a du cœur, s'il est honnête ; avec cela s'il a de l'instruction ou de la capacité, il peut arriver partout. (*Vives approbations !*)

Les maréchaux d'aujourd'hui étaient des soldats il y a vingt ans, et si vous voulez savoir quels seront les maréchaux dans vingt-cinq ans, il faut les chercher dans les soldats d'aujourd'hui. (*Très bien ! Très bien !*)

LE MINISTRE DE LA GUERRE. — Aussi, messieurs, suis-je vivement affligé quand j'entends certaines attaques dirigées contre les chefs de l'armée qui ont cependant besoin de la considération publique, soit pour eux, soit pour ceux qu'ils commandent.

On voudrait peut-être désunir l'armée, on ne le pourra pas ; l'attaque qui s'adresse à ceux qui commandent aujourd'hui, s'adresse également à ceux qui commanderont demain ; vous ne romprez pas cette chaîne qui lie le simple soldat au maréchal de France, et le maréchal de France au simple soldat. (*Très bien ! Très bien !*)

M. Garnier Pagès. — On n'attaque pas le soldat !

Le Ministre de la Guerre. — Mais quand vous attaquez celui qui commande, vous attaquez le soldat, seulement vous l'attaquez à la fin de sa carrière, au lieu de l'attaquer au commencement, voilà la seule différence !

Plusieurs voix. — Très bien ! Très bien !

Le Ministre de la Guerre. — Comment, messieurs, l'honorable M. Jules Simon dit que nous gâlons les hommes qu'on nous donne, et qu'ils se perdent dans la vie de caserne !

Que font-ils en temps de paix ?

Quand ils arrivent, oui, ils regrettent leur famille, ils ont une émotion pénible, c'est vrai.

Ils ont aussi quelque frayeur de la discipline, ils sont excusables, car on nous en fait une peinture peu séduisante. (*Rires*)

A ces jeunes gens on apprend le sentiment de la dignité, de la personne, les soins personnels ; s'ils sont illettrés, on leur montre à lire et à écrire ; s'ils ont un commencement d'instruction, on le développe dans les écoles régimentaires ; on leur apprend les devoirs de tout homme envers ses semblables, le respect envers ses inférieurs, la camaraderie envers ses égaux ; on s'occupe de leurs qualités morales et puis autour de cinq à six ans on les renvoie.

Quand ils rentrent dans leur village — et il en rentre beaucoup, car moi j'aime la vie des champs et j'y vais dès que je le peux, j'y trouve les soldats revenus de l'armée dans la vie publique — comment sont-ils tous considérés ? Comme des hommes d'élite (*approbations*) ! Voilà ce que nous faisons des jeunes gens que vous nous donnez !

Nous vous les rendons tellement attachés à leur devoir, tellement convaincus qu'il faut se sacrifier pour le pays, qu'ils sont prêts à donner leur vie et que s'ils ont un défaut, c'est de se précipiter trop vite sur l'ennemi ! (*Très bien ! très bien*) !

LE MINISTRE DE LA GUERRE. — Cet *esprit militaire* vous le regrettez, mais il fait la grandeur de notre pays. Je vous l'expliquerai tout à l'heure.

Vraiment peut-on appeler ces hommes des *prétoriens*, dire qu'ils sont isolés de la population, qu'ils ont d'autres sentiments !

Ajoutez à cela, que nous leur donnons des congés de semestre et que par conséquent sur ces six ans, ils n'en passent pas plus de trois ou trois et demi au corps !

Voilà donc ce qu'est notre armée permanente, soit dans son service de paix, soit dans son service de guerre.

Pour mon compte je suis convaincu que les garanties de paix ne seraient pas dans un désarmement, mais qu'elles se trouvent au contraire, dans une très bonne armée, dans une organisation militaire! (*Très bien! très bien!*)

Le ministre de la Guerre. — Messieurs, lorsque l'Empereur m'a fait l'honneur de me confier le portefeuille de la guerre, honneur que je n'ai jamais ambitionné, je me suis consacré à la tâche qui m'était imposée; j'y ai apporté tous mes soins, *suivant les instructions que j'ai reçues* je me suis efforcé de compléter le mieux possible l'organisation de l'armée.

Nos soldats d'infanterie ont reçu un excellent fusil, ils en auront tous au printemps; nos arsenaux sont bien garnis, nos magasins sont pleins; nos places sont déjà en meilleur état et on y travaille tous les jours. Eh bien! messieurs, en faisant tout cela, je crois que j'étais un des citoyens qui travaillaient le plus pour la paix! (*C'est vrai! Très bien à droite!*)

Le ministre de la Guerre. — Aujourd'hui je viens défendre devant vous, une organisation de l'armée qui n'est pas une organisation de circonstance, mais de longue durée.

Le peuple français a toujour été très fier et l'armée est faite à son image; nous avons du sang gaulois dans les veines, nous ne savons pas supporter longtemps un danger qui nous menace; nous aimons mieux aller au devant de lui.

Vous ne ferez pas vivre le peuple français dans l'inquiétude, suspendre ses opérations commerciales, son industrie; plutôt que de subir longtemps une existence aussi antipathique à la nature de son caractère; il fera comme l'honorable M. Jules Simon vous le disait, il vous demandera la guerre.

Mais si vous lui donnez une bonne organisation militaire, il s'abrite derrière cette organisation, il ne craint pas les attaques de ses voisins et comme il ne rêve pas de conquêtes, comme il veut vivre tranquille chez lui, sans jeter un regard d'envie autour de lui, il se livrera à son commerce, à son agriculture ; il vivra en paix !

Le ministre de la Guerre. — En vous demandant de vous associer à nous, pour donner à notre armée, une organisation plus complète, nous atteindrons ce résultat et je crois qu'ainsi, nous travaillerons tous pour la paix ! (*très bien, très bien !*)

Mais pour que ce travail soit fructueux, il ne faudrait pas tendre sans cesse à agiter la masse de la nation ; des discours semblables à ceux que nous avons entendus il y a deux jours, ceux que peut-être nous, entendrons aujourd'hui, ne peuvent qu'entretenir une agitation stérile.

Il faut en finir, il faut arriver à une solution. Si comme j'en ai la confiance, la loi qui nous est proposée est bonne, et si comme je l'espère, elle réunit un grand nombre de suffrages, vous verrez les esprits se calmer vous verrez chacun revenir à ses affaires, l'agitation cesser et vous aurez tous travaillé, je le répète, pour la paix ! (*Très bien ! très bien !*)

Le ministre de la Guerre. — L'honorable M. Magnin nous a fait l'autre jour une peinture affreuse de la guerre.

Mon Dieu, quand on a fait la guerre, quand on l'a vue de près, quand on sait ce qu'elle coûte à l'humanité on n'est pas pour la guerre et on n'y jetterait pas volontiers son pays.

. . . .

Il nous a paru, pour des raisons que je vais vous expliquer, que la France pourrait vivre tranquille quelles que fussent les dispositions de ses voisins, si elle avait connu par le passé un effectif de paix d'environ 400.000 hommes formant l'armée active ; si avec cet effectif de paix, elle avait 400.000 en réserve et enfin. si en outre elle organisait cette garde nationale mobile dont le principe existe dans nos lois et établie de manière à présenter encore un effectif de 400.000, ce qui, avec l'armée active et la réserve donnerait un total de 1.200.000 hommes.

Le ministre de la Guerre. — 400.000 hommes c'est l'effectif de paix que nous voulons augmenter. Maintenant supposez qu'il y ait 400.000 hommes de réserves c'est un total d'environ 800.000.

Nous comptons dans l'armée beaucoup d'hommes qui ne sont disponibles pour faire campagne. Nous verrons d'abord la gendarmerie, qui, en Prusse, est au compte du ministère de l'Intérieur ; nous comptons toutes les écoles, nous comptons le dépôt des remontes, nous comptons toutes les non-valeurs, les employés militaires des hôpitaux et des services administratifs et même un certain nombre de malades en permanence dans les hôpitaux. La somme de ces non-valeurs s'élève à environ 80.000 hommes.

Je n'applique bien entendu cette désignation de non-valeurs à ces différentes catégories de militaires qu'en ce sens, qu'elles ne sont pas appelées à figurer sur le champ de bataille ; ce sont si vous le voulez, des non-combattants. »

Le ministre explique que l'Algérie absorbe 600.000 hommes cela fait qu'avec les 80.000 non-valeurs, il ne reste plus dans l'armée française que 540.000 hommes. Il continue en ces termes :

LE MARÉCHAL NIEL (ministre de la guerre).

Que nous reste-t-il donc pour le combat ? 540.000 h. environ ! Eh bien ! pour une grande nation comme la France — c'est ici le pied de guerre que je discute et le pied de guerre porté à sa suprême puissance — nous estimons que 540.000 hommes sont une force suffisante, mais qui n'est pas exagérée.

Maintenant est-ce trop ? N'est-ce pas assez ? Là-dessus peut s'établir la discussion.

Mais je suppose que, quand il s'agit de l'Etat de guerre le plus élevé, vous ne voulez pas que nous soyons inférieurs à l'un de nos voisins.

LE MINISTRE DE LA GUERRE. — Eh bien ! avec l'organisation que nous vous proposons, notre armée sur le pied de guerre se trouvera dans des conditions identiques avec celle de nos puissantes voisines qui doit nous servir de point de comparaison à cet égard.

Avec l'excellence de notre organisation militaire, avec nos soldats qui ne nous ont jamais fait défaut, nous avons la confiance, que, nous mettant à l'égal de nos voisins, nous pourrons vivre tranquilles.

Ce patriotique appel du maréchal Niel va-t-il être entendu ?

Nullement !

Les républicains ont leur plan arrêté : ils veulent d'abord réduire la France à l'impuissance ; ensuite l'acculer à une guerre, car ils ont l'espoir que par leur crime de lèse-patrie, la France sera vaincue et qu'ils pourront se hisser au pouvoir.

« Que ne peut-on faire lire en entier à tout Français ayant âge d'homme, la sténographie de ces mémorables débats du 20 décembre 1867 au 15 janvier 1868, a écrit M. Stéphen Liégeard. Chacun en verrait ressortir, dans un relief lumineux et la fière abnégation d'une Chambre sacrifiant sa popularité à l'intérêt de la nation, et l'attitude déplorable de ceux qui devaient nous reprocher plus tard d'avoir *mal préparé* le pays ! »

Mais n'est-ce pas toujours le système employé par les républicains pour tromper le peuple ?

Toujours, ils se sont efforcés avec une hypocrisie déconcertante, et avec une cynique effronterie de rejeter leurs fautes sur ceux-là mêmes qui, plus clairvoyants et plus patriotes, avaient signalé l'abîme où ils précipitaient la France.

Les patriotiques indications de Napoléon III, les ppels lumineux du maréchal Niel et de M. Rouher 'eurent aucune prise sur ces cerveaux étroits, ypnotisés par l'antimilitarisme et par le désarmement.

Tous les soirs, ils se retrouvaient au café Proope, tous les soirs à moitié gris, ils reprenaient eur éternel refrain :

— N'augmentons pas la garde prétorienne de ésar ambitieux !

Et sur les phrases creuses, mais sonores t ronflantes de Léon Gambetta, ils levaient eur verre à l'extermination du dernier des tyans.

Le lendemain au Parlement, leurs grands hommes les Magnin, les Picard, les Glais-Bizoin, les Pelletan recommençaient la bataille contre la patrie elle-même !

— Le militarisme est la plaie de l'époque, répétait Garnier Pagès !

Et les républicains enthousiasmés de ces inepties applaudissaient à tout rompre.

Nous revenons aux documents dont malgré notre indignation patriotique, nous ne voulons point sortir.

M. Jules Favre qui avait déjà prononcé les abominables paroles précédemment citées, M. Jules Favre qui, plus tard, devait signer la capitulation de Paris, M. Jules Favre que les républicains évoquent toujours, M. Jules Favre prononça les imbécilités criminelles suivantes :

RÉPLIQUE DE M. JULES FAVRE

M. JULES FAVRE. — *Quelques-uns d'entre nous, et je suis du nombre, pensent que le vote de la loi, loin de maintenir la paix sera un instrument de guerre!* (Rumeurs ! allons donc !)

. . . .

Quant à moi reprenant ce que tout à l'heure disait mon honorable ami, M. Jules Simon, je suis convaincu *que la nation la plus puissante est celle qui irait le plus près du désarmement ;* une nation ne désarme pas parce qu'elle se sent faible.

Et plus loin :

Nos véritables alliés, ce sont les idées, c'est la justice, c'est la sagesse.

Et cet homme tant admiré par les républicains, cet homme dont nous ne contesterons point le talent oratoire, mais dont nous avons le droit de critiquer les idées de faux patriotisme, cet homme qui désirait le désarmement de la France osa dans la séance du 23 décembre 1867 exposer les raisons pour lesquelles la Prusse, elle! ne pouvait désarmer.

JULES FAVRE EXPLIQUE POURQUOI LA PRUSSE NE PEUT DÉSARMER

(*Moniteur universel*, page 1611, 2e colonne).

Nous avons encore recours aux documents officiels.

M. Jules Favre. — Très certainement, Messieurs, si en Europe, dans divers Etats qui avoisinent la France et dans la France elle-même, la politique était sagement dirigée, les peuples reconnaîtraient que c'est de leur part une insigne folie que de se livrer à ces armements exagérés, alors qu'en définitive, les pouvoirs officiels viennent déclarer qu'ils sont animés des sentiments les plus pacifiques et que les souverains échangent entre eux des visites de courtoisie au milieu de fêtes les plus pompeuses, qui après tout, sont payées par les populations éblouies ! (*Rumeur.*)

Est-ce qu'il n'y a pas, messieurs, une contradiction considérable, affligeante, contre les diverses déclarations que j'ai rappelées ?

Est-ce qu'il n'y a pas quelque chose d'anormal dans cette attitude d'un ministre de la guerre, autorisé, respecté comme le nôtre, qui nous déclare que la nature des choses veut que l'effectif militaire soit augmenté en France, alors que cependant il affirme que la France n'est pas menacée et qu'en réalité, elle ne menace personne ».

Et plus loin :

Voulez-vous savoir pourquoi la Prusse ne désarme pas ce n'est pas seulement parce qu'elle est menacée parce qu'elle a exercé le droit odieux de conquête, parce qu'elle ne peut pas donner de véritable liberté aux peuples qu'elle a annexés ; parce que ses forteresses sont remplies de prisonniers politiques.

Voilà pourquoi elle a besoin de conserver son armement.

Si ce prétexte venait à manquer elle le conserverait encore, mais si ce prétexte lui était enlevé alors la nation qui désarmerait aurait pour elle, les sympathies de toutes les populations qui souffrent de l'exagération des armements. (Rumeur.)

Eh bien ! s'il est vrai que la nation la plus puissante est celle qui peut désarmer, parce qu'en desarmant, elle donnera à la force utile et productive la plus grande extension; n'est-il pas certain que ce que nous devons faire en ne consultant que le côté pratique c'est d'aller le moins possible vers l'exagération des armements. »

Et M. Jules Favre conclut en ces termes :

Messieurs, si vous voulez que l'Europe soit apaisée, si vous voulez aussi que le travail reprenne en France — car enfin chacun dit qu'il a cessé et on a raison, il a cessé dans une certaine mesure, les capitaux sont paralysés — sortez de la voie où vous êtes entrés, repoussez le projet de loi, *ou tout au moins renvoyez-le à la commission* pour qu'il soit dit en Europe que la Chambre ne se contente pas de vœux stériles pour la paix, mais que quand on lui met un bulletin de vote, elle sait en user et que ce n'est pas seulement un vœu, mais que c'est encore un acte qu'elle entend accomplir ! (*Marques d'approbation à gauche*).

Répondant à M. Jules Favre, le marquis d'Havricourt fit justice des accusations portées contre les armées permanentes en ces termes.

« Que fait ce projet de loi ? Il réduit de sept à cinq ans. C'est bien là une diminution réelle de la durée du service actif dans l'armée permanente.

« C'est donc nous qui sommes pour l'allègement des charges sérieuses qui pèsent sur le pays. Nous avons voulu diminuer ces charges et en même temps le mettre à même de résister invinciblement à une attaque de l'étranger.

« Nous n'avons pas fait une loi de guerre comme vous le prétendez, mais une loi de défense et nous pouvons dire qu'avec cette loi, l'Empire sera la paix, mais la paix avec la défense nationale bien organisée ! »

Hélas les républicains ne veulent rien entendre.

— N'oubliez pas, leur dit M. Rouher, qu'une grande guerre peut durer plusieurs mois !

— *Il faut être prêts la veille d'un Sadowa et non pas le lendemain* fait observer M. Larrabon.

— Nous voulons les choses simples, sérieuses et pratiques, déclare M. de Berwik. Que sont nos départements frontières ? en général ce sont les plus populeux, les plus riches. Est-ce sur ces départements là que vous voulez livrer bataille ? Voulez-vous qu'ils soient le théâtre de la guerre ? Je parlé d'un cas éventuel, Dieu merci ! aussi éloigné que possible ; MAIS ENFIN SI LE CAS SE PRÉSENTE ! VOILA LA QUESTION. EH BIEN, DES GUERRES DÉFENSIVES SUR LE TERRITOIRE DE LA FRANCE, CE SONT LES JOURS DE MALHEUR ET DE DEUIL ; des guerres défensives nous n'en voulons à aucun degré. »

Enfin, M. Vaitry, président du conseil d'Etat s'écrie dans un magnifique mouvement :

— *Messieurs, malheur aux pays dans lesquels la nation peut être armée sans que le gouvernement le soit !*

C'est qu'en effet les républicains redoublent d'efforts pour détruire les armées permanentes françaises, pour arriver au désarmement tant désiré et pour livrer la France sans défense à l'étranger.

— Nous ne devons avoir, dit M. Ernest Picard, au cours de la séance du 31 décembre, qu'une vraie garde nationale, « CETTE VRAIE GARDE NATIONALE QUI DÉPEND EXCLUSIVEMENT DU POUVOIR CIVIL, QUI NOMME SES CHEFS QUI EST VÉRITABLEMENT LA NATION ARMÉE, *qui peut opposer aux entreprises des ambitieux et dans les jours de crise peut-être appelée, comme elle l'a été plusieurs fois avec succès pour rétablir l'ordre.* »

A quoi avec une parfaite clairvoyance le maréchal Niel répondait en ces termes :

« On nous dit que grâce à la loi de 1868, grâce à l'enthousiasme de la nation, si la France était attaquée, on verrait à l'instant tous les anciens soldats se lever — pour marcher à l'ennemi, après avoir rejoint leurs anciens régiments ; on verrait les hommes mariés se rendre dans les places fortes pour en former la garnison ; on verrait tous les hommes valides qui n'ont jamais servi et qui sont célibataires, se diriger également sur les places fortes pour y rejoindre les anciens militaires mariés.

CE SONT LA DES TABLEAUX PRATIQUES, IL N'Y A RIEN DE POSITIF ET MOI JE DEMANDE DU POSITIF.

Plus loin le maréchal Niel invoquant le témoignage du maréchal Gouvion Saint-Cyr.

— *La levée en masse n'a servi qu'à l'ennemi.* Ces hommes qu'on nous envoyait sans aucune organisation, épuisaient le pays où ils passaient, se jetaient sur notre armée et y semaient l'indiscipline. C'EST UN GRAND MALHEUR D'AVOIR BESOIN DE LA LEVÉE EN MASSE, PLUS GRAND EST CELUI DE S'EN SERVIR. »

A cela les républicains ripostaient par leurs théories mensongères, sur la nécessité du désarmement ; ils assuraient que leur système militaire serait le jour de la sécurité pour tous, le jour de la paix universelle entre les nations. »

Et la discussion se poursuit ainsi jusqu'au 14 janvier.

La majorité clairvoyante et patriote finit par triompher de l'obstruction républicaine ; la loi du recrutement de l'armée est votée par 200 voix contre 60.

Naturellement, parmi les membres de cette minorité figurent les fortes têtes républicaines.

Nous relevons les noms de :

MM. Jules Favre,
Jules Simon,
Garnier-Pagès,
Picard,
Glais-Bizoin,
Pelletan,
Dorian,
Magnin,

Les futurs membres du gouvernement de la *Défense nationale* ne voulaient pas alors l'*organisation de la défense nationale.*

Et ce sont ces fous alcooliques qui plus tard osèrent accuser l'empereur d'*imprévoyance* et de *légèreté.*

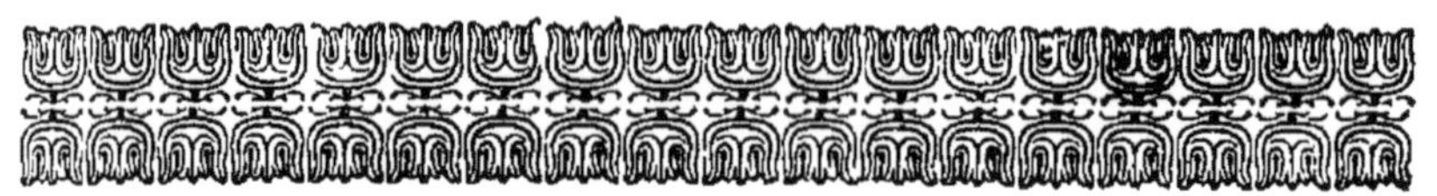

LES RÉPUBLICAINS ALLIÉS DE LA PRUSSE

Après avoir fait tous leurs efforts pour empêcher la réorganisation de l'armée française, après s'être efforcé d'obtenir la réduction des effectifs normaux réclamés par la défense nationale, les républicains continuent leur politique de désagrégation.

M. Stéphen Liégeard a écrit à ce sujet des pages admirables :

M. Thiers non plus ne lui donna pas son adhésion. Et pourtant, elle était bonne, absolument bonne... sous la condition toutefois qu'on la fît passer du domaine de la théorie dans celui de la pratique. Or, c'est à quoi, jusqu'à la guerre, résista pied à pied une fraction de cette même minorité qui l'avait rejetée. Autres étaient les sentiments de l'Opposition, lors de la discussion de la loi de 1832 : elle plaçait alors la grandeur de la patrie au-dessus de la satisfaction de ses appétits. Il est vrai que ses coryphées s'appelaient Lamarque, Odilon Barrot, Clausel ou de Tracy. Leurs indignes successeurs n'eurent qu'une pensée, revenir sur le fait accompli : qu'un désir, compromettre les résultats acquis : qu'un but, entraver par tous les moyens la mise en exercice du vote de la majorité. Grâce à eux, faute de crédits suffisants, la garde nationale mobile, durant ces trois années, n'exista jamais que sur le papier. Par eux, à chaque nouvelle discussion de budget, furent présentés des amendements tendant à réduire le contingent de cent à *quatre-vingt*, à *soixante mille hommes* ; par eux encore furent multipliées les demandes d'envoi de soldats en congé. Vainement le maréchal Niel pris d'un désespoir fatidique s'écriait : « Vous me faites trébucher sur un point de départ que je ne soupçonnais pas; vous allez compromettre tout notre système... *Qu'une grande complication vienne à se présenter, qu'il faille parer à une attaque dirigée rapidement contre nous : une puissance comme la France doit pouvoir, quinze jours après avoir déclaré la guerre, avoir 500.000 hommes sous les armes, et quinze jours plus tard 700.000.* Voilà le problème à résoudre : le résoudre n'est pas facile. Notre organisation doit nous mettre à l'abri de ces dangers (1). » Les réductions fatales poursuivies par la Gauche s'accomplissaient sous la force de

(1) Lire la discussion sur le budget rectificatif de l'année

l'obsession, parfois avec la complicité aveugle des membres de la commission. Et le maréchal découragé, en proie aux sombres pressentiments de l'avenir, exprimait, les larmes aux yeux, son regret de n'avoir pas su inspirer assez de confiance à certains députés, et il avouait qu'il ne pourrait longtemps soutenir le rôle pénible qu'on lui faisait jouer. Nous l'applaudissions ; il reprenait confiance, et trouvait parfois de foudroyantes répliques. C'est ainsi qu'à une interruption de M. Garnier-Pagès lui reprochant de n'avoir pas donné la liberté, ce qui eût dispensé de l'armée, il répond que, si quelqu'un a eu la faculté de ne pas mettre l'armée à côté de la liberté, c'est bien lui, Garnier-Pagès, car il a pu en faire l'expérience, les *45 centimes* ayant été motivés uniquement sur la nécessité de reconstituer nos forces militaires. Mais l'Opposition ne se décourageait point ; c'est sa vertu d'être tenace. Battue la veille, elle rentrait en lice le lendemain. Les discussions se succédaient, indéfinies, ardentes, peu dignes de la France, infiniment utiles à l'étranger qui en profita. Au budget de 1870, les prétentions de nos adversaires avaient singulièrement augmenté : ils ne proposaient rien moins que de réduire, d'un coup, l'armée de DEUX CENT MILLE HOMMES ! Devant une telle folie, le maréchal Niel, déjà souffrant du mal qui le devait emporter, monta pour la dernière fois à la tribune et déclara qu'il trouverait plus rationnel alors de

1868, et l'excellent travail de M. le baron Jeanin, intitulé *la Réorganisation de l'Armée.*

demander l'économie complète, en supprimant l'armée tout entière.

Peu de temps après, le trépas venait fermer ces lèvres bien disantes : l'organisateur infatigable n'avait pas eu le temps d'achever son œuvre. Mort trop tôt pour une nation qui, lui debout, eût peut-être évité bien des désastres, le grand homme de guerre n'a pas eu du moins la douleur de voir se vérifier ses pressentiments. Quant à ses tristes contradicteurs, ils peuvent aujourd'hui, en cuvant leur honte, mesurer la distance qui sépare l'inspiration d'un vrai patriote des stériles amplifications de rhéteurs sans croyances. « CANON, TON RÈGNE EST PASSÉ ! » s'exclamait avec un à-propos charmant M. Jules Simon, le 5 juin 1870, deux mois avant Reichshoffen (1). Voici au contraire comment parlait jadis l'Opposition, par la bouche éloquente du général Lamarque : « *Des grappes de raisins transportées de l'Italie dans les Gaules engagèrent nos pères à franchir les Alpes et à aller s'établir dans un climat plus favorisé du ciel. N'oublions pas que les enfants du Nord ont mangé nos raisins, ont bu leur suc enivrant, et qu'ils ont raconté à leurs compatriotes les délices de notre belle France* (2). » Et, en homme d'État, l'orateur concluait à la nécessité pour une nation de fortifier d'autant plus son système militaire, qu'elle est plus civilisée, prospère et florissante.

Les Jules avaient d'autres soucis. Grâce à leur com-

(1) Distribution des prix de l'Association philotechnique.
(2) Séance de la Chambre des Députés, 4 novembre 1831

plicité, les enfants du Nord ont pu, tout à l'aise, s'enivrer du suc de nos raisins... et les Jules s'en sont consolés en vidant le fond des coupes. Mais la nation qui a fait les frais de toutes ces agapes, du 4 septembre au 18 mars, la nation qui a dépensé deux provinces, neuf milliards et le pur sang de ses enfants, aura-t-elle cette résignation philosophique? Qu'elle lise, qu'elle réfléchisse, et qu'elle décide ensuite qui l'aimait le mieux, de nous la voulant forte et aguerrie, ou de ceux qui, la nourrissant de pommes de terre gâtées, la chaussant de souliers de carton, l'armant de pistolets de bois et de sabres de fer-blanc, l'ont violemment poussée sous les foudres du canon Krupp dont eux-mêmes savaient si bien se garantir.

Cependant les républicains poursuivent leur programme de lèse-patrie.

Sous la pression de leur campagne haineuse le gouvernement accepte la réduction de dix mille hommes sur le contingent de 1870.

M. Emile Ollivier, a cette faiblesse.

Mais Napoléon III ne l'accepte point.

Le Souverain qui voit clair; lui qui avec son esprit élevé a voulu relever les effectifs, n'accepte pas cette réduction.

Il adrese aux députés la lettre patriotique suivante :

Lettre de Napoléon III.

Le budget de la guerre est toujours en butte aux attaques de ces esprits à courte vue qui, pour se donner un vernis de popularité, ne craignent pas de désorganiser notre armée sans alléger notablement les charges budgétaires.

En 1865, les pouvoirs publics exercèrent une véritable pression sur les ministres afin d'obtenir des réductions.

La conséquence de ces mesures fut désastreuse. *La France ne put jouer un rôle digne d'elle au milieu des événements (Sadowa) et notre considération dans le monde s'en ressentit... Certes, l'influence de la France fut assez forte pour arrêter le vainqueur aux portes de Vienne, mais sa voix eût été mieux écoutée* si nous avions été prêts à faire la guerre. *Aussi le sentiment national comprit bientôt le danger que notre pays avait couru en négligeant son armée, et une année s'était à peine écoulée depuis qu'on l'avait réduite pour économiser 5 ou 6 millions, que la Chambre votait 280 millions pour reformer nos cadres, perfectionner notre armement et mettre en état nos places fortes.*

Ainsi les réductions opérées en 1865 désorganisèrent nos forces sans procurer d'économies notables. Elles nous obligèrent, en face de l'Europe armée, à prendre une autre attitude que celle qui aurait convenu à la France.

Mais il est des hommes auxquels l'expérience n'apprend rien... En présence de l'Allemagne qui peut mettre sur pied un million d'hommes exercés, *on parle encore de réduire les cadres, Nous allons comparer l'armée française à l'armée de la Confédération du Nord et en présence de notre infériorité, on renoncera, nous en sommes convaincus, à affaiblir encore notre organisation militaire.*

Et le tableau que donne l'Empereur montre « que la *Confédération du Nord*, en dehors de l'Allemagne du Sud, *a 900.000 hommes exercés à sa disposition.*

« *Que l'on compare...* et que l'on juge si ceux qui veulent encore réduire nos forces nationales sont bien éclairés sur les véritables intérêts du pays ! » *termine l'Empereur.*

Cette lettre ne fut pas envoyée car les personnalités qui entouraient l'empereur craignirent que cet acte ne fut jugé comme *inconstitutionnel*, mais nous la publions comme preuve des désirs patriotiques du souverain.

Ne pouvant faire connaître ainsi sa pensée, Napoléon III l'exprima en des conversations particulières, particulièrement émouvantes.

Sous cette haute et noble inspiration, de nombreux députés patriotiquement inspirés s'efforcent de ramener le gouvernement et la commission à une plus grande fermeté et à plus de clairvoyance.

Le 30 juin 1870, le Comte de la Tour monte à la tribune et prononce des paroles susceptibles de ramener la majorité ébranlée :

Discours du comte de la Tour.

— *Le comte de la Tour* : Messieurs, j'ai trouvé dans le rapport de la commission l'expression de deux sentiments auxquels je m'associe sincèrement : le premier, c'est le regret *que la réduction accordée par vous pour le contingent de 1870 et proposée par le gouvernement et la commission n'ai pas coïncidé avec une réduction sérieuse des armements de pays étrangers de manière* à ce que l'on ait pu accorder à nos finances un dégrèvement réel et à nos polulations un soulagement plus considérable et le second c'est la crainte que *cette réduction de 10 000 hommes accordée pour un contingent et proposée par un autre, ne devienne une cause sérieuse d'affaiblissement pour nos forces militaires, si elle devait se poursuivre les années prochaines sans qu'il y eu aucune réduction sérieuse des armements, chez les puissances étrangères.*

Non seulement je m'associe à ces sentiments mais je viens leur demander à cette tribune une forme plus accentuée, en établissant d'une manière que je considère comme incontestable, c'est-à-dire sur les chiffres les plus sérieux que déjà dans la situation actuelle, même dans des contingents de 100 000 hommes nos forces militaires sont inférieures en nombre à celle de l'Allemagne, et que chaque année par la pratique régulière et normale des institutions militaires des deux pays, on voit cet écart dans des proportions tellement graves que si la réduction toute maintenue à l'avenir sans qu'il y eut modification dans les institutions militaires des deux pays, notre armée serait véritablement affaiblie d'une façon très inquiétante.

Je serai obligé, messieurs, pour établir la parfaite vérité de ces affirmations, d'entrer dans un certain nombre de détails.

L'importance de la question qui nous intéresse à un si haut point me fera obtenir je l'espère, Votre indulgente attention.

— Parlez ! Parlez !

(*Ici l'orateur démontre clairement la puissance de la Prusse à laquelle vient de s'adjoindre la puissante institution militaire de l'Allemagne du Nord*).

— Je demande au Gouvernement dans ses aspirations patriotiques, tout en maintenant cette année comme un gage à nos intentions pacifiques, le dégrèvement de 100.000 hommes qui nous est proposé, d'agir auprès des gouvernements étrangers et particulièrement auprès de la Prusse, de manière à obtenir l'année prochaine s'il est possible, un adoucissement des charges militaires qui pèsent sur les populations européennes ; et si cette négociation échoue comme je le crains, alors j'espère que le patriotisme clairvoyant de la Chambre et du Gouvernement reviendra au contingent normal et nécessaire de 100.000 hommes.

Le comte de la Tour répond aux désirs de Napoléon III et aux aspirations réelles du gouvernement.

La majorité est ébranlée : elle applaudit longuement le comte de la Tour, mais les républicains veillent, les républicains qui n'ont cessé depuis trois ans de se faire les auxiliaires actifs, du comte de Bismarck, les républicains qui ont voulu affaiblir l'empire et la France pour mettre l'un et l'autre à leur merci par la moindre aventure, les républicains sont là.

Nouvelle opposition républicaine.

Aussitôt M. *Garnier-Pagès*, monte à la tribune. et tâche de démontrer, sans le prouver qu'une détente générale se produit dans tous les Etats sur la question des armements.

Il ajoute cette énormité.

— Si nous considérons la Suisse nous y trouvons, une amélioration relativement plus considérable, encore dans l'organisation et les défenses militaires.

Vous me direz peut-être que la Suisse est une république : je suis heureux de le constater.

M. Granier de Cassagnac : Nous vous répondrons simplement que la Suisse est une puissance trop peu importante pour influer dans une mesure sérieuse sur l'état général de l'Europe

M. Glais-Bizoin. Oh ! Oh !

M. Garnier-Pagés. La France armée comme la Suisse auront une influence plus grande !

Et après avoir proposé le système suisse l'orateur républicain ajoute :

— Eh bien qu'attendez-vous donc ? Etudiez ce système examinez-le à fond.

Cette France si belliqueuse, si courageuse, qui s'est levée plusieurs fois comme un seul homme lorsque la patrie était en danger, elle n'a pas besoin d'une armée permanente si énorme.

— Hâtez-vous donc M. le Ministre, hâtez-vous de nous apporter des mesures nouvelles bien autrement efficaces que cet appel aux armes et aux hommes qui ne produit rien qui n'a qu'un résultat *celui de remplir les casernes.*

Après un discours du ministre *Lebœuf*, le républicain Ernest Picard monte à la tribune.

— Il nous est impossible, dit-il, malgré les raisons qu'il nous a données de reconnaître (le ministre) avec lui que les grandes armées, les armées permanentes, soient une source de richesse en même temps qu'une source de moralité pour le pays, certes, il y a un grand nombre de soldats qui sont d'excellents sujets ; il y a des officiers en très grand nombre qui sont des hommes distingués, mais ce qui est certain c'est que la France ne peut pas en face de l'Europe, et sans péril pour son crédit, elle ne peut pas conserver une organisation militaire pareille à celle qu'elle a depuis vingt années, et un contingent aussi élevés que ceux qu'elle réclame au pays.

C'est le tour de Jules Favre de venir répéter :

— Il ne suffit pas de dire que la France doit être forte militairement, il faut organiser sa force militaire de manière à ne pas affaiblir le pays dans ce qu'il a de plus précieux et de plus fécond ; et si le système de fortes armées avec 800 000 hommes tant d'armée active que de réserve aboutit en définitive à des dépenses qui écraseront nos populations... (Ah ! Ah !) et nous empêchent d'arriver à toute notre expansion cette force militaire, n'est plus qu'une illusion, qu'un faux calcul, qu'un souvenir d'un passé qui n'existe plus et elle ne peut arriver qu'à ruiner la France ! (*Rumeur à droite et au centre. Vive approbation à gauche.*)

Répondant à une interruption de M. le baron de Benoist, Jules Favre ajoute.

— Représentant d'un département frontière (M. de Benoist) il est également ici pour en représenter le courage et l'abnégation je suis prêt à le reconnaître ; mais enfin il ne faut pas non plus, même pour l'intérêt des frontières promener constamment sur la France le vain fantôme d'une chimère qui n'aboutit à rien et qui ruine le pays.

Nous voici à la veille de la guerre ; l'Europe sent les premières trépidations d'une prochaine complication.

Les chancelleries sont inquiètes ; les nations hâtent leurs armements ; en France, l'Empereur, le gouvernement impérial ne sont pas laissés libres de mettre la France dans l'état de puissance nécessaire à son influence et à la sauvegarde de son indépendance.

Toujours ce sont les républicains qui se lèvent et qui prononcent les grandes phrases creuses d'humanité, de désarmement de force morale ; ce sont eux qui réclament la suppression des armées permanentes ; ce sont eux qui cherchent l'affaiblissement complet de la France.

Nous avons le droit de dire qu'ils furent les meilleurs et les plus fidèles alliés de la Prusse, nous avons le droit de dire qu'ils furent les organisateurs de la défaite.

La première phase de leur action criminelle était terminée : Napoléon III n'avait pu faire voter et appliquer ses projets de réorganisation militaire tels qu'il les avait conçus.

Or, pour que la France put faire entendre sa voix à l'Europe sans contestation, il eut fallu l'armée telle que la désirait l'empereur.

Nous avons assisté à l'œuvre de désagrégation nationale entreprise par les républicains.

Nous allons rapidement parcourir la seconde étape de la tâche criminelle à laquelle les républicains s'étaient attachés depuis trois années.

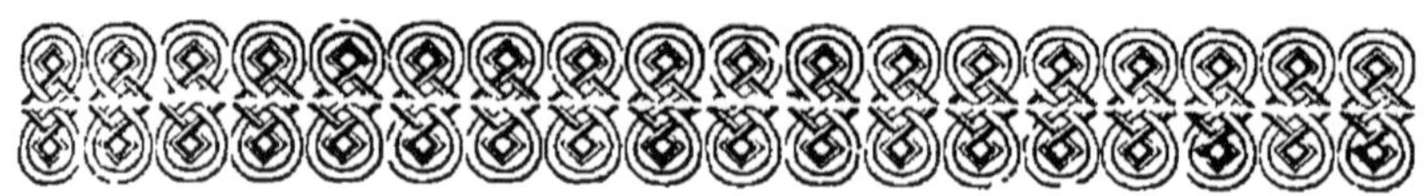

LES RÉPUBLICAINS POUSSENT A LA GUERRE

L'affaire de la couronne d'Espagne, est soulevée par les intrigues de M. de Bismarck.

Celui-ci est tenu au courant, jour par jour, de la situation réelle de l'armée française.

Il sait que ses alliés, les républicains, ont empêché Napoléon III d'accomplir les réformes nécessaires : il estime que le moment est venu d'*amener* la guerre désirée par lui depuis Sadowa.

La diplomatie va chercher à provoquer le conflit, malgré la bonne volonté du Gouvernement français, malgré le désir pacifique de Guillaume Ier, malgré les efforts des diplomaties étrangères.

Bismarck veut la guerre pour assurer définitivement la puissance de la Prusse sur les chefs confédérés de l'Allemagne; les républicains français désirent aussi la guerre parce que sachant l'armée impériale en désagrégation partielle par leur faute, ils espèrent se hisser au pouvoir à la faveur des désastres escomptés.

Cette double intrigue aboutit d'une part aux difficultés diplomatiques soulevées par M. de Bismarck, d'autre part, aux appels belliqueux, en France, par la presse républicaine.

Le 5 juillet 1870; le *Constitutionnel* publie une note ainsi conçue :

« Il résulte d'informations qui nous paraissent dignes de foi que des agents du maréchal Prim se seraient rendu ces jours-ci en Prusse auprès du prince de Hohenzollern pour lui offrir la couronne d'Espagne, que S. A. aurait acceptée. Nous ne savons encore si le maréchal Prim en faisant cette démarche agissait en son nom personnel ou s'il avait reçu des cartes espagnoles ou du régent un mandat quelconque. Aussi attendons-nous de plus amples renseignements pour apprécier un événement dont la gravité n'échappera à personne. Si comme tout porte à le supposer le maréchal a agi sans mandat, cet incident se réduit aux proportions d'une intrigue; si au contraire la nation espagnole sanctionne ou conseille cette démarche nous devons avant tout l'envisager, avec le respect de la volonté d'un peuple réglant ses destinées. Mais en rendant hommage à la souveraineté du peuple espagnol, seul juge compétent en pareille matière, nous ne pourrions réprimer un mouvement de surprise en voyant confier le sceptre de Charles-Quint à un prince prussien, petit-fils d'une princesse de la famille Murat, dont le nom ne se rattache à l'Espagne que par de douloureux souvenirs ».

Le 6 juillet, le *National* reproduit cette note et il la fait suivre des commentaires suivants :

« Que nous importent dans cette aventure les souvenirs de la famille Murat ! La chose majeure c'est qu'on songe à disposer d'un trône en faveur des Hohenzollern dont un membre, Charles Eitel Frédéric, est déjà prince de Roumanie depuis le 20 avril 1866. »

Et la feuille républicaine ajoute :

« L'Empereur d'Allemagne — peut-on appeler autrement le roi de Prusse — se dispose à porter la main sur l'Espagne.

« Tel serait le mystère que couvrait la conduite étrange du maréchal Prim. Lorsqu'il faisait entrevoir qu'il se rendrait à Vichy pour se concerter avec l'Empereur, il négociait avec M. de Bismarck.

« Lorsqu'il parlait aux Cortès espagnols d'un prétendant qu'il tenait en réserve et qui devait satisfaire tout le monde c'était un prussien qu'il élevait sans bruit; c'était un cousin de Guillaume Ier à qui il entendait livrer son pays.

« Et nous allons voir, pour faire réussir ce complot, se raviver par toute l'Espagne, les anciennes rancunes contre la France.

« M. de Bismarck lève le masque.

« L'Empire français avait cru répondre à Sadowa par le plébiscite; M. de Bismarck répond au plébiscite en se montrant l'arbitre des destinées non plus de l'Allemagne seulement mais encore de l'Europe.

« La diplomatie française voulait lui interdire de passer le Mein ; il prétend enjamber la France et aller planter sa tente sur les bords du Mançanarès.

« Du haut des Pyrénées, les casques prussiens nous surveilleront et transmettront les signaux à leurs frères de la forêt Noire afin de nous prendre entre deux feux.

« La France trop longtemps magnanime, a laissé le temps à M. de Bismarck, de préparer ses projets, de combiner son plan d'attaque. Ce n'est plus du passé qu'il faut nous occuper, c'est de l'avenir.

« La France est-elle d'avis de suivre l'exemple de l'Autriche ?

« Veut-elle donner à M. Bismarck le temps de masser ses bataillons et le loisir de choisir son champ de bataille?

« Nous n'avons qu'une seule chose à dire aujourd'hui.

Caveant consules !

Dans son numéro du 7 juillet 1870, le *National* publie un nouvel article suggestif sous le titre : L'*Intrigue Prim-Bismarck.*

Il y a longtemps que la Prusse a transformé les anciennes forteresses fédérales, en forteresses prussiennes et qu'elle a pris toutes ses précautions du côté du Rhin. Si la diplomatie française a su se laisser endormir par l'homme de Sadowa, nous sommes certains qu'il n'en a pas été de même du génie militaire français et que l'œuvre entreprise par le maréchal Niel a été accomplie de façon à nous donner une complète sécurité. La France peut donc attendre les événements ».

L'œuvre entreprise par le maréchal Niel se trouve donc louée par les républicains !

Pourquoi donc ces mauvais Français avaient-ils prétendu auparavant que cette œuvre était inutile et mauvaise ?

Pourquoi avaient-ils parlé de désarmement ?

Pourquoi avaient-ils loué l'esprit de bon voisinage de la Prusse ?

Au moment du péril, ils oublient toutes leurs harangues misérables ; ils accusent le gouvernement impérial d'imprévoyance, eux qui lui reprochaient jadis de chercher à augmenter la garde prétorienne.

Le gouvernement impérial, cependant, demeure calme et digne aussi bien devant les menaces de la Prusse que devant les excitations républicaines.

Il donne connaissance de la situation.

Et les journaux publient la note suivante :

Déclaration du Gouvernement

Aujourd'hui à l'ouverture de la séance M. le ministre des Affaires étrangères a fait au nom du gouvernement français la déclaration que la France ne laissera pas un prince de Prusse prendre en main l'épée de Charles-Quint.

Le gouvernement compte sur la sagesse de l'Allemagne, en tout cas il saura faire son devoir sans faiblesse. Le corps législatif a accueilli par des acclamations ses paroles.

Le *National* a recueilli dans les couloirs d'importantes conversations : il les fait connaître en ces termes :

Le duc de Gramont après la lecture de la déclaration déclarait dans les couloirs au moment de partir.

— *Nous irons jusqu'au bout s'il le faut, mais nous sommes résolus à épuiser d'abord toutes les combinaisons et toutes les négociations compatibles avec l'honneur et la dignité du pays.*

M. E. Ollivier n'a pas été moins explicite :

— *La paix, si elle est possible; la guerre s'il le faut.*

Tandis que le gouvernement impérial fait tout ce qui dépend de lui pour assurer la paix ; les feuilles républicaines sèment dans le pays des nouvelles inquiétantes et des appels belliqueux.

Le 8 juillet 1870, le *National* publie un nouvel et important article sous ce titre : *Paris-Madrid Berlin.*

« Est-il besoin de rappeler les événements de 1866 pour montrer que M. de Bismarck loin de pratiquer la franchisé, met le mensonge en première ligne des vertus diplomatiques ?

« Malgré toute notre bonne volonté, malgré tout le

désir que nous aurions à nous associer aux espérances pacifiques, qu'étalent la plupart de nos confrères il nous est difficile de trouver, dans les divers incidents que nous venons de relater, les motifs pour nous ranger à leur opinion.

« On nous dit que ce sont questions de familles et querelles de dynasties qui ne sauraient toucher les peuples.

« Nous nous le demandons : si sous prétexte que des démêlées de ce genre n'intéressent pas la population française, celle-ci laisse les Hohenzollern planter leurs tentes et pointer leurs canons tout le long des bords du Rhin d'un côté, et de l'autre au faîtes des Pyrénées que dira cette nation quand elle verra les légions prussiennes massées derrière ses canons, s'ébranler et se mettre en mouvement pour se faire les exécuteurs des haines amoncelées chez tous les représentants de l'absolutisme, contre les idées généreuses, dont elle est le dépositaire et le gardien.

De son côté *Le Gaulois*, organe royaliste se montre belliqueux dans son numéro du 8 juillet 1870 :

« Qu'on se souvienne » ! La Prusse a fait l'expédition du Schleswig-Hostein. Nous n'avons rien dit.

La Prusse a fait Sadowa. Nous n'avons rien dit. La Prusse a fait les annexions. Nous n'avons rien dit. La Prusse a fait les traités avec le Wurtemberg et le grand duché de Bade. Nous n'avons rien dit. La Prusse a fait l'incident si grave du Luxembourg. Nous n'avons rien dit. La Prusse a intronisé un Hohenzollern en Roumanie. Nous n'avons rien dit. La Prusse en maintes occasions a prouvé qu'elle ne respectait pas longtemps les traités de Pragues. Nous n'avons rien dit. Et pour récompenser ce silence bienveillant jusqu'à la niaiserie M. de Bismarck nous prépare une candidature de Jarnac au trône de l'Espagne, se disposant à nous couper les jarrets à un moment donné ; à nous tenir entre lui et les Espagnols comme il a tenu les Autrichiens entre l'Allemagne et l'Italie.

Si nous avions supporté ce dernier affront il n'y avait plus une femme au monde, qui eût accepté le bras d'un français. »

Puis peu à peu toute la presse républicaine s'enflamme et nous arrivons aux dernières journées qui précédèrent le drame national.

*
* *

L'empereur était encore à Saint-Cloud.

Toutes les nuits il travaillait fébrilement sur les rapports militaires qui lui étaient transmis.

Le 13 juillet, dans la matinée, il était dans son bureau, avec son secrétaire particulier.

Soudain s'arrêtant :

— Toute la presse, dit-il pousse à la guerre, et cependant je voudrais la paix.

— Oui, Sire, toutes les coupures qui sont dans ce dossier démontrent que la presse d'opposition en particulier veut que le conflit armé se produise.

— Le conflit armé ! répond Napoléon III ; mais ils savent bien que, par leur faute, nous ne sommes pas prêts.

« J'avais bien prévu les menées ténébreuses du comte de Bismarck ! »

Puis l'empereur reprit une à une les diverses coupures qu'il venait de lire.

Nous en donnons quelques citations particulièrement suggestives.

Le Temps (1) :

« Si un prince prussien était placé sur le trône d'Espagne, — ce n'est pas jusqu'à Henri IV seulement, c'est jusqu'à François Ier que nous nous trouverions ramenés en arrière. »

(1) 5 juillet 1870.

*
* *

Le Siècle (1) :

« La situation, serait à beaucoup d'égards plus grave qu'au lendemain des traités de 1815. »

*
* *

Le Soir :

« Quoi ! on permettrait à la Prusse d'installer un proconsul sur notre frontière d'Espagne ! mais nous sommes 38 millions de prisonniers, si la nouvelle n'est pas fausse ! Il faut absolument qu'elle soit fausse. Elle le sera si l'on veut, mais le Gouvernement français est-il encore capable de vouloir ? »

Et Napoléon III relit une à une les coupures qui se trouvent dans le dessin :

F.-V. Hugo, le fils du poète, va plus loin : — « Ce sera, — déclare-t-il, dans *le Rappel*, — une éternelle humiliation pour notre époque que ce projet ait été, nous ne dirons pas entrepris, mais seulement conçu. »

(1) 6 juillet 1870.

— « La Prusse à Forbach, la Prusse derrière le Rhin, à Kehl, la Prusse derrière les Alpes, la Prusse derrière les Pyrénées... Si c'est cela la revanche de Sadowa, eh bien, elle est complète.

« Nous espérons que le Gouvernement français ne pourrait, sans trahison vis-à-vis de la France, supporter un jour de plus les agissements prussiens. On pourrait pardonner au Cabinet d'avoir manqué à ses promesses, ravivé nos colères ; on ne lui pardonnerait pas de n'avoir pas su être français. »

« Le 4 juillet, — écrit M. de la Ponterie, — nous avions à choisir entre la prudence et l'audace. Nous nous sommes prononcés pour l'audace. Aujourd'hui nous n'avons plus le choix qu'entre l'audace et la honte. QUEL EST L'ORATEUR A LA TRIBUNE, ou l'écrivain dans un journal, qui nous conseillera d'hésiter ?... Au lieu de sommer la Prusse de comparaître sur un champ de bataille ou d'abdiquer ses ambitions, NOUS NOUS CONDAMNERIONS A ATTENDRE SON HEURE. »

« L'OPINION DEMEURE TRISTE, DÉSAPPOINTÉE INQUIÈTE, — dit *l'Opinion nationale*, sous la signature de M. Guéroult... — tout cela est triste, et même un peu ridicule... On nous dit aujourd'hui que nous avons la paix. Quelle paix ? qu'avons-nous obtenu de la Prusse ? Quel désaveu du passé ? quelles garanties pour l'avenir ? Rien. Le candidat prussien lui-même reste dans la coulisse ;

c'est *son papa* qui vient nous annoncer son désistement. »

« Les masses, — reprend M. Pessard, dans *le Gaulois*, dix fois plus intelligentes que nos gouvernants, comprennent avec leur instinct profond que *cette victoire pacifique coûtera*, par ses conséquences fatales, *plus de sang à la France que dix batailles rangées*... Et puisque, pour une raison quelconque, par faiblesse ou par imprudence, le Cabinet n'a pas rempli sa mission, NOUS ESPÉRONS QUE LE CORPS LÉGISLATIF FERA SON DEVOIR, et que le sentiment national, dans son expression modérée, ne sera pas blessé deux fois en deux jours. »

« C'EST UNE PAIX SINISTRE... — ajoute *l'Avenir national*. — « Espère-t-on que la joie que le pays va éprouver par suite de la prudence montrée *par le père Antoine* n'en demandera pas davantage, et passera facilement sur les termes de la réponse qui porte probablement des traces de la griffe de M. de Bismarck ?

« Non ! LE PAYS NE SE LAISSERA PAS LEURRER...

« — On ne peut nier, — affirme-t-il, — que l'OPINION NE SOIT PRESQUE UNANIME A RÉCLAMER UNE ACTION ÉNERGIQUE... Elle serait déçue si l'affaire venait à s'arranger par la diplomatie... La guerre paraît probable, PARCE QU'ELLE RÉPOND AUX TENDANCES DU PAYS. Prétexte ou raison, L'OCCASION EST BONNE. La France ne peut pas laisser la Prusse s'agrandir davantage ; pour l'en empêcher, il faut l'amoindrir. C'est une question politique posée entre les deux peuples et qui ne peut se résoudre que par les armes MIEUX VAUT AUJOURD'HUI QUE DEMAIN. »

Puis l'empereur prit d'autres coupures :

Paris-Journal du 8 juillet :

On nous certifie que voici le texte de la conversation que M. de Werther a eue, au moment de son départ avec le chef du cabinet français.

Nous ne permettrons pas qu'un prince prussien s'établisse à Madrid.

— Mais cependant si les Espagnols le voulaient jusqu'au bout ?

— Les Espagnols voudront ce qu'ils voudront, mais nous ne permettrons pas qu'un prince prussien s'établisse à Madrid.

— Mais alors c'est la guerre.

— La guerre s'il le faut ! Mais nous ne permettrons

— Non : nous ne le permettrons pas.

***

Siècle 8 juillet.

Quand il s'agira de défendre le Danemark dont on a si déplorablement laissé tomber les avants postes ou la Suède ou la Hollande ou la Suisse tous les vrais patriotes demanderont la guerre. Aujourd'hui le devoir de tout bon citoyen est de crier à la France : Prends-garde! Pas d'entraînement ! Pas de surprises !

***

National du 8 juillet.

L'heure de la Prusse a-t-elle sonné ?

Nous ne saurions le dire mais cette heure viendra et elle viendra d'autant plus tôt que la Prusse devient plus provocatrice. N'est-ce pas elle, en effet, ne sont-ce pas ses menées souterraines qui font courir à la paix européenne un danger beaucoup plus grand que ceux qu'elle a traversés depuis vingt ans ?

***

National du 9 juillet :

En présence des complications qui surgissent le gouvernement français déploie une enseigne à laquelle il ne nous avait pas accoutumé. Dans les conversations qu'il a eues avec plusieurs membres du corps législatifs M. le ministre des Affaires étrangères aurait dit : Soyez certain qu'avant 3 jours nous aurons deviné le mot de la situation : paix ou guerre.

Halte là !

Enfin l'Europe ouvre les yeux : elle comprend, malheureusement bien tard que l'Ogre de Brandbourg dont elle a laissé pousser les dents et allonger les bottes de 7 lieues est bien plus une réalité que les souvenirs de l'ogre de Corse...

Aujourd'hui il est singulier de voir l'attitude énergique puisé par le Gouvernement français devant la nouvelle entreprise de M. de Bismarck causer à Berlin une surprise et une émotion qui prouvent combien on s'attendait à ce que tous les projets de M. de Bismarck se développeraient sans rencontrer la moindre opposition. Depuis ce moment les Journaux prussiens semblent n'avoir plus de boussole.

Hier pour détourner le coup qui menace la Prusse et comptant de plus intéresser toute la nation allemande aux visées de Guillaume Ier ces journaux voulaient faire de cette affaire, une affaire allemande en prétendant que la Prusse disparaît de plus en plus dans l'Allemagne.

Ceci pourrait être vrai s'il s'agissait d'un intérêt allemand.

Mais qui est-ce qui est en jeu ?

Un intérêt dynastique !

L'intérêt de la maison de Hohenzollern qui veut restaurer le trône de Charles-Quint non pas au profit de l'Allemagne mais au profit de son ambition personnelle. La nationalité allemande n'a rien de commun avec la nationalité espagnole, tandis qu'en réunissant sous le même sceptre les 2 peuples une maison princière assurerait sa prépondérance en Europe.

Aujourd'hui le mot d'ordre est changé et c'est un autre thème que développe les feuilles bismarkiennes. La Prusse va le prendre sur un ton dégagé. « Que venez vous nous parler de ce qui se passe en Espagne ? adressez-vous aux Cortès ! L'Allemagne n'a rien à voir de tout cela, elle n'a jamais songé à imposé un roi à l'Espagne et de son côté les Cortès ont toute liberté.

« Agissez comme vous l'entendrez sur eux, quant à nous nous sommes décidés à ne pas nous mêler de cette affaire nous nous lavons les mains de tout ce qui pourra arriver ». Et voilà comment on croit à Berlin pouvoir berner encore une fois la France. Mais aujourd'hui la France est bien décidée à ne pas se laisser berner et à ne pas permettre au Roi Guillaume de prétendre qu'il n'est pour rien dans l'accession au trône d'Espagne d'un sien parent, habitué par tradition de famille à rendre sa couronne au roi de Prusse comme le fit son père de sa principauté de Hohenzollern-Sigmaringen. La France ne veut pas attendre pour dire son avis, qu'elle se trouve prise entre 2 feux.

On sait aujourd'hui à Berlin ce qu'elle veut et on sait également qu'elle ne se contentera pas d'une réponse évasive.

La France entend ne plus être obligée d'être tenue sur le qui-vive par les manœuvres de M. de Bismarck : elle veut que les questions encore pendantes soient une bonne fois tranchées.

I. ROUSSET.

***

Le National (10 juillet) :

« La Rive gauche du Rhin. » Le nouveau défi adressé par la Prusse à la France a engagé M. de Girardin à répondre à l'appel de son successeur. Il a adressé à M. Détroyat une lettre dans laquelle on dit :

PAS DE CONFÉRENCE ! MAIS UN CONGRÈS ou la force ait pour juge l'équité ; ou la Prusse ne revendiquant ni la rive gauche du Rhin ni le port d'Anvers se bornera à exiger le rasement des forteresses qui le menacent, forteresses construites sur un territoire dont la possession à perpétuité nous avait été régulièrement assurée par le Congrès de Rardstadt.

Ou un congrès ou la guerre. Mais dans le cas extrême d'un appel au patriotisme de tous les siens, la France ne se bornerait plus au rasement des 3 quadrilatères dont les canons depuis 1816 sont tournés contre nous ; ayant effacé par la victoire les traités infligés par la défaite, elle rentrerait en pleine possession de ses limites naturelles sauf à donner de l'avancement au roi des Belges. Quoique son frère soit marié à la sœur du prince Léopold de Hohenzollern. — Puisque l'Espagne cherche un monarque constitutionnel quelle meilleure chose pourrait-elle faire que celui de Léopold II ?

Et plus loin.....

Si l'idée du Congrès n'est pas adoptée avec empressement ne perdons pas notre temps à chercher des alliés; laissons à l'écart l'Autriche et l'Italie afin de laisser debout la politique de neutralité sous laquelle l'Angleterre et la Russie ne demanderont qu'à s'abriter ; ne nous occupons nullement de l'Espagne qui ne bougera pas; ne songeons qu'à localiser étroitement la guerre entre la France et la Prusse.

— Mais plutôt que de compromettre l'œuvre du comte de Bismarck la Prusse refusera de se battre.

— Eh bien ! alors à coups de crosse dans le dos, nous la contraindrons de passer le Rhin et de river la rive gauche !

EMILE DE GIRARDIN.

***

Le National, 11 juillet.

Bulletin Politique.

Paris-Journal assure que M. Chevandier de Valdrome se propose de présenter d'urgence au corps législatif un projet de dispositions transitoires à annexer à la loi de la presse tendant à interdire aux journaux de donner aucune indication relative au mouvement des troupes. On lui aurait fait observer qu'il était plus simple et plus pratique d'insérer à l'*Officiel* une note faisant appel à la discrétion patriotique des journaux et c'est à ce dernier projet que l'on s'est arrêté et peut-être lirons-nous cette note demain.

Notons comme renseignement que tandis que l'Espagne semble faire si peu de cas de nos observations et que la Prusse repousse, par la fin de non recevoir que l'on sait, nos réclamations, la joie règne en Danemark.

Une dépêche de Copenhague adressée (la Patrie) dit que le discours de M. le duc de Gramont transmis par le télégraphe transmis dans les principales villes de Danemark, y a produit une profonde sensation.

Les troupes du camp de Hold en ont eu connaissance le lendemain et le soir tout le camp a été illuminé. A Viborg chef-lieu de Jutland la garnison a également illuminé. De tout ce qui précède il résulte que l'on ne saurait qu'applaudir à la conduite du gouvernement.

En agissant avec la fermeté et la décision qui ont réglé sa conduite il ne veut plus être exposé à ce qu'on puisse lui dire de 1866.

« Si vous aviez fait entendre avec énergie et en temps utile la voix de la France, la Prusse se serait arrêtée et ne se serait pas lancée dans les aventures qui, en amenant Sadowa ont bouleversé l'équilibre européen et placé dès ce jour la France, dans la nécessité de signifier un peu plus tôt ou un peu plus tard son *veto au roi Guillaume.* »

***

Le Journal des Débats, 10 juillet.

Examinons la question de savoir s'il ne fallait rien dire, en face de la désignation d'un prince puissance et s'il fallait laisser l'opinion publique en France s'égarer sur les intentions du gouvernement français. Quant à nous nous croyons que le gouvernement a bien fait de parler, nous nous trompons,a bien fait de répondre; car il ne faut pas oublier que le ministre des affaires étrangères a répondu à l'interpellation déposée par M. Cochery, un des membres du centre gauche.

Qu'aurait-on dit si le gouvernement avait gardé un silence que le public aurait trouvé timide et suspect? On l'aurait accusé de baisser une seconde fois la tête devant le canon de Sadowa.

SAINT-MARC GIRARDIN.

Le National 12 juillét.

N'oublions pas que la royauté prussienne date de moins de deux siècles. Nous ne referons pas l'histoire de la Maison de Brandebourg dans ses différentes transformations. Nous ne montrerons pas le burgrave obtenant d'abord le titre assez modeste de vassal de l'empire ; puis ses successeurs devenant duc de Prusse, par héritage féminin continuant à s'arrondir par le même procédé en recherchant des épouses bien dotées prenant plus tard le titre de grand électeur et ne devenant enfin roi de Prusse qu'en 1701 alors que cette puissance rentrait dans la grande ligue formée par une partie de l'Europe contre Louis XIV au moment ou celui-ci envoyait son petit-fils Philippe d'Anjou prendre possession du trône d'Espagne. On voit combien les rôles sont intervertis aujourd'hui ! et ils le seraient complètement si en laissant se produire cet envahissement nouveau d'une nation relativement jeune, nous acceptions le rôle d'un peuple qui abdique toute prétention et qui ne demande simplement qu'à pouvoir passer tranquillement sa vieillesse chez lui.

En serions-nous là ?

L. Rousset.

***

Le National, 12 juillet.

Je commence à croire à la guerre, et je vais vous dire pourquoi.

Depuis quelques jours dans les coulisses des théâtres les acteurs fredonnent des couplets guerriers. Quand les acteurs fredonnent des airs dans le genre de celui-ci : Dis-moi, soldat, dis-moi, t'en souviens-tu ? c'est un signe que ça chauffe.

Un directeur de théâtre à qui je demandais pourquoi ses acteurs chantonnaient tous les ponts neufs patriotiques me répondit.

— Ils s'essayent.

— Comment ils s'essayent ?

— Sans doute ; ils se gargarisent pour la cantate.

On sait qu'en temps de guerre chaque théâtre débite chaque soir une cantate guerrière.

Or, on est allé demander a M. Maurice Richard si le moment était venu de lancer un hymne quelconque.

— Pas encore, aurait répondu le ministre, mais vous pouvez faire vos commandes.

Donc les cantates sont commandées. Attendons-nous à un déluge de cantates.

Je parie que celle qui fera le plus d'effet ce sera encore l'ancienne, la vieille Marseillaise. Aux armes citoyens !

Paul Leval.

— Oui dit, Napoléon III, c'est bien vers la guerre qu'ils poussent la France ! et nous ne sommes pas prêts *par leur faute.*

« Enfin nous allons essayer d'assurer la paix, malgré M. de Bismarck.

« Faites atteler.

« Nous allons à Paris. »

Quelques intants plus tard Napoléon III montait en voiture et se faisait conduire aux Tuileries où il devait recevoir l'ambassadeur de Prusse.

Tandis que l'opinion publique s'exaspérait à la lecture des feuilles républicaines, l'Empereur s'efforçait de garantir la paix.

M. Bénedetti, ambassadeur de Rome à Berlin reçut les instructions les plus nettes de Napoléon III.

En même temps le souverain priait la reine d'Angleterre d'intervenir auprès du roi de Prusse. Guillaume promettait la renonciation du prince de Hohenzollern.

M. de Bismarck sentant la partie perdue pour lui, alla jusqu'à falsifier la dépêche d'Ems dans le but de soulever l'opinion publique en France.

Il réussit.

Les républicains s'élevèrent avec véhémence contre ce qu'ils appelaient « une paix nuisible. »

La guerre était rendue inévitable.

Le 14 juillet 1870. La presque unanimité du corps législatif votait les crédits destinés à la mobilisation.

Parmi les 247 voix de la majorité nous trouvons les noms de ceux là mêmes qui depuis quatre années empêchaient la réorganisation de l'armée :

Nous y retrouvons les noms de :

Ernest Ricard.
Dorian.
Jules Simon.
Gambetta.
Magnin.
Jules Ferry.
Wilsén.
Barthélemy Saint-Hilaire... etc...

Après avoir essayé de désarmer la France, ils poussaient à la guerre.

*
* *

Là s'arrête l'humble tâche que nous nous étions assignée.

Le programme des républicains avait abouti : affaiblir la France, la livrer ensuite à l'étranger.

C'était ce qu'ils s'étaient donné comme but, c'est à quoi ils travaillèrent avec une ténacité coupable.

A peine la campagne est-elle commencée qu'ils jettent bas le masque.

LA DEMANDE DE DÉCHÉANCE

Le 9 août, Jules Favre dépose une demande de déchéance ; ce qui amène une magnifique protestation de M. Granier de Cassagnac :

Séance du 9 août 1870.

M. DE CASSAGNAC. — Monsieur, je ne viens pas faire un discours dans la circonstance actuelle, mais je cède à un impérieux commandement de ma conscience, en apportant ici ma protestation de citoyen et de député.

— Très bien !

M. GRANIER DE CASSAGNAC. — L'acte qui vient de s'accomplir devant vous, c'est un commencement de révolution (*Une interruption*).

C'est un commencement de révolution donnant

la main à un commencement d'invasion. Les Prussiens vous attendaient.

M. Tachard. — C'est votre ineptie qui les a amenés.

M. Granier de Cassagnac. — *Lorsque Marmont, d'odieuse mémoire, vendit sa patrie...* (Interruptions), *il ne fit rien de plus que vous* (Bruit à gauche). *Au moins Marmont était un soldat qui avait vu en face et de près les ennemis de son pays, tandis que vous, abrités, ici derrière vos privilèges...* (Mouvements), *vous proposez de détruire le gouvernement de qui? de l'Empereur qui est en face de l'ennemi* (Bruits).

M. Girault. — Nous voulons sauver la patrie quand même et par tous les moyens, et nous la sauverons.

M. Granier de Cassagnac. — Nous sommes venus ici... (*Bruit croissant à gauche*). Nous sommes venus ici sous la condition de notre serment qui constitue notre caractère et qui crée notre inviolabilité (*Bruits*).

M. Gambetta. — *Pour sauver la patrie!* (*N'interrompez pas!*) *Veuillez me répondre.*

M. Granier de Cassagnac. — Je ne suis pas à la tribune pour vous répondre, mais pour vous parler.

Nous sommes venus ici sous la condition de notre serment.

M. Girault. — Il n'y en a plus!

M. Granier de Cassagnac. — ...qui constitue notre caractère et qui crée notre inviolabilité. Lorsque, par un acte révolutionnaire, on reprend son serment, on perd à la fois l'inviolabilité et le caractère qui en découlent, pour rester de simples factieux.

M. GAMBETTA. — *Il s'agit du salut de la patrie* (*Violentes exclamations*).

M. GRANIER DE CASSAGNAC. — *Et je vous le déclare, si j'avais l'honneur de siéger au banc du Gouvernement, vous tous signataires vous seriez ce soir devant un conseil de guerre* (Réclamation bruyante et prolongée à gauche).

Certes M. de Cassagnac avait raison.

Un gouvernement énergique eut mis en état d'arrestation immédiate ces factieux et ces mauvais Français.

Nous les avons vus dans la préparation de leur œuvre infâme : ils vont réussir dans leur entreprise criminelle.

Ils imposent comme généralissime le traître Bazaine qu'ils appellent leur « glorieux Bazaine ».

Ils profitent du désastre pour implanter leur régime de démoralisation et de honte dont la patrie se meurt.

Puis après avoir préparé la défaite, après l'avoir organisée, ils insultent l'empereur, ils le représentent comme un lâche.

Lui, l'homme brave, l'homme énergique à qui Zola lui-même a été obligé de rendre hommage dans *La Débâcle* :

« ... *Averti dès cinq heures qu'on se battait à Bazeilles, l'Empereur était venu... Une briqueterie était là offrant un refuge. De l'autre côté, une pluie de balles en criblait les murs, et des obus, à chaque seconde, s'abattaient sur la route. Toute l'escorte s'était arrêtée.*

» — *Sire, murmura une voix, il y a vraiment danger...*

» *Mais l'Empereur se tourna, commanda du geste à son état-major de se ranger dans l'étroite ruelle qui longeait la briqueterie.*

» *Là, hommes et bêtes seraient cachés complètement.*

» — *En vérité, sire, c'est de la folie... Sire, nous vous en supplions...*

» *Il répéta simplement son geste, comme pour dire que l'apparition d'un groupe d'uniformes, sur cette route nue, attirerait certainement l'attention des batteries de la rive gauche. Et, tout seul, il s'avança, au milieu des balles et des obus, sans hâte, de sa même allure morne et indifférente, allant à son destin. Sans doute, il entendait derrière lui la voix implacable qui le jetait en avant, la voix criant de Paris : « Marche ! marche ! meurs » en héros sur les cadavres entassés de ton peuple, » frappe le monde entier d'une admiration émue, » pour que ton fils règne ! »*

» Il marchait, il poussait son cheval à petits pas. Pendant une centaine de mètres, il marcha encore. Puis, il s'arrêta, attendant la fin qu'il était venu chercher. Les balles sifflaient comme un vent d'équinoxe ; un obus avait éclaté en le couvrant de terre. Il continua d'attendre. Les crins de son cheval se hérissaient, toute sa peau tremblait, dans un instinctif recul, devant la mort qui, à chaque seconde, passait, sans vouloir de la bête ni de l'homme. Alors, après cette attente infinie, l'Empereur, avec son fatalisme résigné, comprenant que son destin n'était pas là, revint tranquillement comme s'il n'avait désiré que reconnaître l'exacte position des batteries allemandes.

» — Sire, que de courage !... De grâce, ne vous exposez plus...

» Mais, d'un geste encore il invita son état-major à le suivre, sans l'épargner cette fois, pas plus qu'il ne s'épargnait lui-même ; et il monta vers la Moncelle, à travers champs, par les terrains nus de la Rapaille... »

EMILE ZOLA.

(*La Débâcle.*)

Nous venons de voir comment un adversaire, même de l'Empire, est obligé de reconnaître le courage qu'eut Napoléon III à Sedan, à ce Sedan préparé et voulu par les républicains.

Mais si ceux-ci étaient sur le point d'atteindre le but qu'ils s'étaient fixés, atteindre le pouvoir à la faveur des malheurs de la patrie ils ne renonçaient pas pour cela à la calomnie la plus vile.

Le gouvernement du 4 septembre a fait publier dans le *Journal Officiel* un récit mensonger des événements :

— L'entretien (des 32 généraux réunis en conseil de guerre) s'ouvrait sur les conditions de la capitulation, Napoléon III allait et venait dans les salons, fumait des cigarettes, et laissant par une inconscience bien étrange dans un pareil moment, ses généraux et les généraux prussiens discuter.

Autant de mots, autant de mensonges, ainsi que le rappelle M. Granier de Cassagnac dans ses *Souvenirs du Second Empire*, « les conditions de la capitulation furent discutées au quartier général prussien, le lendemain de la bataille et l'empereur n'y était pas ! »

Et l'ami fidèle de Napoléon III ajoute :

— A Sedan, l'empereur a partagé les périls de toute l'armée ; il a pris seulement l'initiative d'une suspension d'armes, pour épargner le sang des soldats quand il était inutilement versé ; mais la capitulation de l'armée de Sedan n'est pas signée NAPOLÉON, elle est signée WIMPFFEN.

Dans le *livre de l'Empereur* par le Comte de la Chapelle, nous relevons les lignes suivantes qui furent approuvées de la main même de Napoléon III :

« L'empereur envoya le général Lebrun au général de Wimpffen, avec le conseil de demander une suspension d'armes qui donnerait le temps, si elle était accordée de relever les blessés et de considérer ce qu'il y avait à faire.

« Le général Lebrun ne revenant pas et le nombre des victimes augmentant sans cesse, l'empereur mit sur lui de faire arborer le drapeau parlementaire. En prenant cette décision, Napoléon III comprit toute la gravité de la responsabilité qu'il encourait et entrevit les accusations dont il serait l'objet. La situation apparut à ses yeux dans toute sa gravité, et le souvenir d'un passé glorieux vint par son contraste avec le présent en augmenter l'amertume. Comment admettrait-on que l'armée de Sébastopol, de Solférino peut être obligée, de mettre bas les armes ! Comment faire comprendre que resserrées dans un étroit espace, plus les troupes étaient nombreuses, plus la confusion était grande et moins il était possible de rétablir la régularité indispensable pour combattre? Le prestige dont jouissait à juste titre l'armée française allait donc s'évanouir tout à coup et, en présence d'une calamité sans exemple, l'Empereur, quoique étranger aux résolutions prises restait seul responsable aux yeux du monde des malheurs que la guerre allait entraîner ? Et comme si à cette heure suprême, rien ne devait manquer à la gravité de la situation, le général de Wimpffen envoya sa démission à l'Empereur, de sorte que cette armée débandée allait se trouver sans chef et sans direction lorsque la plus grande énergie était nécessaire pour rétablir un peu d'ordre et traiter avec plus de chances, de succès avec l'ennemi. La démission ne fut pas acceptée et le général en chef comprit qu'ayant commandé pendant la bataille, son devoir l'obligeait à ne plus déserter son poste dans des circonstances aussi critiques.

« Pendant qu'on arborait le drapeau parlementaire, un officier prussien demanda à être introduit au quartier général. On sut par lui que son souverain était aux portes de la ville, de son côté le roi de Prusse ignorait également que Napoléon III se trouvât dans les murs de Sedan.

« Dans ces circonstances l'empereur crut que le seul parti qui lui restait à prendre était de s'adresser directement au souverain de l'Allemagne du Nord.

« *On avait tellement répété dans les journaux que le roi ne faisait pas la guerre à la France, mais à l'Empereur que celui-ci était persuadé qu'en disparaissant de la scène et en se remettant entre les mains du vainqueur, il obtiendrait des conditions moins désavantageuses pour l'armée et donnerait en même temps à la Régente la facilité de conclure la paix à Paris.* »

Et à côté de ces pages, nous reproduisons l'admirable discours de Paul de Cassagnac, le 13 février 1875, devant la Cour d'assises de la Seine lors du procès Wimpffen.

L'Empereur n'avait donc pas à se placer au milieu de troupes qui n'existaient plus, et c'est alors qu'il a décidé d'arrêter le massacre inutile de ses soldats.

Il a fait hisser le drapeau blanc, c'est vrai ; et cet acte, qu'on lui jette au visage comme une injure, est l'acte le plus beau, le plus grand, le plus héroïque de sa vie (Mouvement).

L'Empereur, ainsi que vous l'a dit un des témoins, avait jugé qu'il y avait suffisamment de sang versé et qu'il était temps pour lui de s'immoler.

Il s'est immolé ; son sacrifice a été complet ; il a tout pris sur lui : la honte, le déshonneur, si toutefois il pouvait y avoir honte et déshonneur à faire abnégation de soi-même pour sauver les autres !

Il a bu le calice jusqu'à la lie, prenant le fiel pour lui et laissant dédaigneusement à ses ennemis le triste soin de travestir sa généreuse pensée ! (Sensation).

Tout à l'heure le général Wimpffen vous disait qu'il ne doit pas y avoir d'humanité à la guerre.

S'il veut une réponse à cette triste affirmation, qu'il la demande aux mères, aux sœurs, aux enfants de tous ceux que l'Empereur, par son intervention, a empêchés de mourir. (Mouvement.)

. . . .

N'est-ce pas l'accusation la plus complète de lâcheté ?

Ah ! général, vous reprochez à l'Empereur de n'être pas mort à Sedan ?

Mais qui donc, de nous tous, de nous simples soldats qui y étions, de vous, général, a le droit de reprocher à quelqu'un de n'être pas tombé là-bas, quand nous sommes encore debout ?

Vous êtes bien vivant, vous !

Ceux-là seuls ont le droit de nous reprocher de n'être pas morts, qui sont couchés là-bas, sous l'herbe, dans les fonds de Givonne ou sur le plateau de la Moncelle.

Et vous n'en êtes pas, vous! (Mouvement prolongé.)

D'ailleurs, n'est-il pas inouï d'en être réduit à défendre ici le courage de l'Empereur?

Moi, qui vous parle, je l'ai suivi pendant deux heures, le fusil au dos, il cherchait la mort et ne la trouvait pas.

Epuisé, malade, l'Empereur, je l'ai vu, a été obligé, à plusieurs reprises, de descendre de cheval, et embrassait les arbres pour résister au mal qui le minait.

J'ai là, dans la main, une lettre du colonel d'artillerie de Saint-Aulaire; il raconte comment il vit l'Empereur s'avancer calme et impassible, avec sa bravoure froide, au milieu des projectiles qui éclataient, et venir se placer au milieu de ses batteries. Soudain, un obus éclate à trois pas de l'Empereur, et les canonniers, électrisés par son intrépidité, poussèrent alors, et ce fut la dernière fois que ce cri fut poussé, le cri de: « Vive l'Empereur! »

D'ailleurs, Napoléon III n'est pas le seul, dans l'histoire, qui n'ait pas pu mourir quand il le voulut.

Napoléon Ier chercha en vain la mort à Waterloo, et, après Arcis-sur-Aube, il disait avec tristesse: « Je n'ai pas pu me faire tuer; je suis un homme condamné à vivre! »

Laissez-moi vous le dire, général: il ne vous a pas fait longtemps attendre cette mort que vous souhaitiez avec tant d'ardeur pour lui, et vous devez l'en excuser.

Quelques mois après, il s'éteignait en exil, au milieu d'une atroce agonie et mourant de la bataille de Sedan. (Mouvement.)

Et puisque nous y sommes, laissez-moi porter la main encore sur une légende abominable... car, en France, vous le savez, la légende s'attache aussi facilement au mal qu'au bien, au mensonge qu'à la vérité.

Dans un dessin qu'on a répandu à profusion, on a montré l'Empereur partant en voiture découverte, traînée à quatre chevaux, fumant insoucieusement une cigarette, et foulant sur son passage les soldats blessés qui se redressaient pour le maudire et pour lui montrer le poing.

Eh bien! j'y étais, moi; j'ai vu ce qui s'est passé; et c'est sur mon épaule que l'Empereur s'est appuyé pour monter en voiture, et quand j'ai fermé la portière, je lui ai dit: « Sire, je suivrai l'Empereur jusqu'à Sainte-Hélène! »

Et vous voyez que j'ai tenu ma promesse.

Et quand l'Empereur, triste et éclatant en sanglots, a traversé la ville, les soldats qui le voyaient passer se découvraient, loin d'avoir un sentiment de haine ou de colère! (Applaudissements enthousiastes).

Voilà la vérité historique.

Les responsabilités de la défaite doivent retomber sur les républicains désorganisateurs de l'armée, alliés de la Prusse, ayant sacrifié les intérêts supérieurs de la patrie à leurs appétits et à leurs ambitions mauvaises.

Si au 10 août M. Granier de Cassagnac avait accepté de prendre le portefeuille de l'intérieur peut-être que le 4 septembre ne se fut point produit, car il aurait eu l'énergie nécessaire pour foudroyer l'émeute et permettre à la France une paix honorable.

La journée du 4 septembre, en effet, ne constitue pas seulement un crime contre l'empereur, c'est un crime contre la France.

Napoléon III a ajouté de sa main, les lignes suivantes aux *souvenirs du second empire* de M. Granier de Cassagnac :

« *Si après Sedan, la France était restée organisée, unie, forte, les malheurs publics pouvaient être ou limités par le paix, ou réparés par la guerre.*

« *La révolution du 4 septembre a tout compromis, en désorganisant le pays, en ôtant à la France ses alliés, en imposant à la nation des sacrifices d'hommes et d'argent, d'autant plus odieux, qu'ils étaient, sans efficacité, et, par dessus tout cela en créant une situation à la fois intolérable et sans issue.*

« *En effet, ce qui constitue en ce moment la gravité de la situation de la France, c'est encore moins l'immensité des pertes qu'elle a faites en hommes, en territoire et en argent, que le chaos dans lequel elle se trouve plongée.*

« *La Prusse en 1707, l'Autriche en 1809 furent réduites à un état bien pire que le nôtre ; mais au plus fort de leurs désastres, la Prusse et l'Autriche conservèrent leur gouvernement régulier, avec leur gouvernement l'ordre intérieur et avec l'ordre intérieur, ces deux états réparèrent leurs pertes et reprirent leur rang légitime en Europe.*

« *L'histoire et le bon sens se réunissent donc, pour conseiller de faire sortir au plus tôt la France de sa situation précaire, qui inquiète les intérêts, qui paralyse les transactions, qui arrête l'essor des activités, et de reconstituer un régime régulier, durable, en appelant la nation entière à se prononcer discrètement, par voie de plébiscite sur le genre de gouvernement auquel il lui convient de confier ses destinées.* »

Au lieu d'avoir recours à un plébiscite, les républiçains, ayant *volé* le pouvoir, l'ont conservé par la fraude.

Près de quarante années ont passé depuis que fut commis le crime du 4 septembre.

La France se meurt de cet attentat abominable.

Grâce aux républicains la France ne fut pas prête lorsque Bismarck, poursuivant la réalisation de son rêve, amena le gouvernement impérial à déclarer la guerre.

Grâce aux républicains, les efforts de Napoléon III pour assurer la paix, furent frappés de stérilité et d'impuissance.

Grâce aux républicains la France dut perdre deux provinces, car Napoléon III eut pu faire la paix avec une indemnité de guerre.

Grâce aux républicains, la France fut en proie aux factions révolutionnaires.

Grâce aux républicains enfin, la France a perdu son rang dans le monde ; elle n'est plus l'arbitre des nations ; son commerce a reculé, sa marine marchande est tombée au huitième rang, sa marine militaire au cinquième rang.

L'anarchie et la désorganisation sont générales, il n'y a plus nulle part ni discipline ni autorité.

Les républicains ont préparé la défaite en 1870 ; puissent-ils n'avoir pas, pour l'avenir, préparé des désastres plus épouvantables et peut-être irrépa-rables.

La vérité historique les condamne. Qu'ils portent du moins devant le pays les responsabilités des crimes qu'ils commirent.

PIÈCES JUSTIFICATIVES

Discours de M. Stéphen Liégeard au Corps législatif le 21 décembre 1867.

Nous reproduisons ici *in extenso*, le beau discours que prononça M. Stéphen Liégeard, au Corps législatif, car il synthétise l'opinion de tous les patriotes, de tous les impérialistes :

« Messieurs,

« En abordant pour la première fois cette tribune, et à l'occasion d'une question aussi grave, je n'ai ni la prétention de faire un discours, ni la témérité de réclamer de vous une bien longue attention. Je crois qu'en cette enceinte, plus que partout ailleurs réserve et concision sont les vertus essentilles qui conviennent à la parole d'un nouveau venu. (*Marques d'approbation.*)

« Aussi n'est-ce qu'une série de considérations rapides que je vous demande la permission de formuler aujourd'hui, laissant à des voix éloquentes et assurément plus autorisées que la mienne le soin de discuter, dans son ensemble comme dans ses détails, la loi qui fait l'objet de vos délibérations. (*Parlez! Parlez!*)

« Lorsque, tout d'abord, j'entendis parler du projet qui vous est soumis, je n'avais pas encore l'honneur de siéger parmi vous; d'autres devoirs me retenaient alors dans un arrondissement du Midi : et je confesse qu'à ce moment je ne pus me défendre de partager, dans une certaine mesure, le sentiment de défiance que soulevait presque unanimement autour d'elle l'annonce d'une organisation militaire nouvelle, vague, inconnue, menaçante.

« C'est qu'en effet, depuis plus de onze années, assistant en raison de mes fonctions administratives à l'application de la loi du 21 mars 1832 sur le recrutement de l'armée, j'avais pu me rendre un compte exact du degré de faveur dont jouit cette législation.

« J'avais vu au Nord et à l'Est, dans les départements de l'Ouest, comme dans ceux du Midi, combien ses dispositions étaient profondément entrées dans nos mœurs, et que si, en définitive, on ne les accueillait pas toujours avec enthousiasme, du moins les acceptait-on partout avec une entière résignation.

« En serait-il de même du nouveau projet? Tel est le point d'interrogation que nous nous posions, non sans grande anxiété, et auquel nous n'osions répondre devant la diversité des bruits mis chaque matin en circulation.

« S'agissait-il donc, comme plusieurs l'affirmaient, de faire du peuple français un peuple de soldats, et les arts de la paix, qui seuls aux yeux de la postérité rendent la mémoire d'une nation vraiment grande et vraiment durable, allaient-ils décidément s'enfuir de leurs temples transformés en casernes? L'hésitation était bien permise au milieu de l'obscurité qui nous entourait. Vainement les brochures succédaient aux brochures; en vain hommes de plume et hommes d'épée rivalisaient-ils de zèle à noircir du papier, et à nous donner comme prêtes à entrer dans le domaine de l'application, des théories qui n'étaient que le reflet de leur imagination ou la somme de leur expérience. La curiosité pouvait y avoir son compte; la confiance publique n'y trouvait pas le sien. Du choc des contradictions la lumière ne jaillissait pas, et le fantôme de la loi militaire, grossi par la peur, assombri peut-être par le jeu de certaines malveillances calculées, prenait chaque jour à nos yeux de plus inquiétantes proportions. Pour la France, en effet, rien n'est pire que l'incertitude. Son robuste tempérament l'assure contre les coups les plus rudes; son patriotisme l'élève, quand besoin est, au niveau des plus grands sacrifices. L'histoire de quatorze siècles le prouve surabondamment. Mais ce qu'elle ne saurait supporter sans impatience, c'est le doute; le doute qui, chez la nation comme chez l'individu, agit sur les forces vives, paralyse l'essor de la volonté et fait glisser son froid mortel jusqu'aux sources mêmes de la vie.

« Le Gouvernement le comprit. Sans attendre davantage, à la date du 9 mars, *le Moniteur universel*, dans un résumé très-succinct, déterminait des catégories, groupait des chiffres, donnait des assurances. On sut dès lors officiellement que l'armée comprendrait trois classes, l'armée active, la réserve, la garde nationale mobile; que tous les jeunes gens seraient liés au service pendant neuf ans, mais à des degrés divers; que, grâce au nouveau système, la France pourrait mettre 1.200.000 hommes sous les armes; que pourtant, malgré un déploiement de forces si considérable, le projet de loi en élaboration inscrivait en tête de son programme cette devise non moins favorable à l'intérêt que chère au patriotisme des populations : allégement des charge en temps de paix, augmentation des ressources en temps de guerre.

« Dès ce moment, les ombres perdaient de leur intensité; dès ce moment, les lignes s'accentuaient, et si ce n'était pas encore l'éclat du jour, permettez-moi de le dire, c'était déjà mieux que la lueur incertaine du crépuscule.

« En même temps paraissait l'exposé des motifs de l'honorable général Allard, et j'avoue que, pour ma part, je me sentis presque rassuré, dès qu'en feuilletant ce remarquable document, je rencontrai tout d'abord, à la page 5, la phrase que voici :

« Il y a donc urgence, sinon à modifier notre sys-
« tème militaire, qui a fait ses preuves glorieuses
« et dont la constitution semble ne rien laisser à

« désirer, du moins *à le developper* et à préparer le « pays à des éventualités qui peuvent bien ne pas se « présenter, mais qu'il est toujours sage de pré- « voir. »

« Ainsi, développer et non créer; développer, c'est-à-dire modifier en perfectionnant, c'est-à-dire augmenter nos réserves, c'est-à-dire organiser une garde nationale mobile chargée du soin de l'intérieur quand l'armée est au dehors : et cela, sans imposer de trop lourdes charges aux populations et au budget, voilà, d'après l'exposé, ce qu'on devait entreprendre, et tel est à peu près encore le but auquel tend la loi en discussion.

« Il n'était donc pas question, quoi qu'on en ait dit, de militariser toute la jeunesse française. Il s'agissait simplement d'amener chaque Français à pouvoir, le moment venu, s'acquitter effectivement de cette obligation écrite dans la nature avant qu'on ait songé à la faire passer dans nos codes, à savoir, que tout homme se doit dans une certaine mesure à la défense de son pays; il s'agissait tout en réduisant la durée du service pour le soldat en activité (cinq ans au lieu de sept), de distraire quelques semaines, que dis-je? quelques jours à peine, de la vie de celui que réclament les carrières libérales, et cela, afin qu'il apprît le maniement des armes, l'école du soldat ; justifiait il d'une connaissance suffisante de ces exercices ? l'exemption était acquise.

« Or, en disposant ainsi, le législateur ne faisait en

définitive envers la nation, sa pupille; que ce que fait le père de famille bien inspiré qui conduit son fils à la salle d'escrime, non pas sans doute avec la pensée de l'ériger plus tard en spadassin, mais bien pour le mettre en état de défendre à l'occasion, l'honneur de sa maison outragé. (*Très bien ! très bien !*)

« Si le projet ainsi compris avait ses rigueurs apparentes, il avait aussi et sa raison d'être dans les nécessités du moment, et son éloge dans le double principe d'égalité parfaite et de justice distributive qui présidait à ses dispositions. C'était bien là cette loi égalitaire, annoncée par le discours impérial à l'ouverture de la session de 1867 ; c'était bien là cette loi de défense nationale ayant toute l'importance d'une institution.

« On pouvait cependant (on l'a dit hier), indépendamment de quelques autres critiques, lui adresser deux graves reproches : le premier, de ne point laisser aux appelés, même dans une proportion minime, les chances d'un bon numéro : la totalité de la classe était prise ; le second, de porter atteinte à l'une des prérogatives les plus précieuses de la nation représentée par le Corps législatif, en ôtant à ce dernier le droit de déterminer chaque année la force du contingent ; le concours de la Chambre à la formation de l'armée se trouvait désormais abdiqué ; son action politique disparaissait à ce point de vue ; il ne lui restait qu'une simple action financière.

« Ce fut là, si je ne m'abuse, la pomme de discorde

qui faillit amener de sérieuses difficultés entre le Gouvernement et la commission. L'honorable rapporteur, M. Gressier y fait allusion à la page 11 de son rapport, annonçant du même coup le dissentiment et l'accord qui le termina. Ceux qui ont été dans le secret des dieux pourraient nous en donner l'historique circonstancié : qu'il me suffise de constater que de l'échange de concessions mutuelles sortit enfin le rapport depuis si longtemps attendu.

« Dès l'abord, et d'un rapide coup d'œil, il est permis de se rendre compte des différences profondes qui séparent le projet en question du projet développé par l'exposé des motifs. Ces divergences s'accusent et dans le nombre des articles, et dans l'économie des matières, et dans les termes de la rédaction, et dans la portée du dispositif. Comme dans la note du 9 mars, comme dans l'exposé qui la suivit, l'armée reste divisée en trois classes : l'armée active, la réserve, la garde nationale mobile. Mais, cette fois, le principe du tirage au sort, avec chance de bons numéros, est maintenu ; mais le droit de la Chambre, en ce qui concerne le vote annuel du contingent, est sauvegardé ; mais l'exonération supprimée cède le pas au remplacement remis en vigueur et admis à tous les degrés ; mais la faculté de mariage pour l'homme de la réserve devient de droit dans certains cas où elle n'était que de faveur ; mais les conseils de revision sont investis du pouvoir de laisser dans leurs foyers, à titre de soutiens de famille, jusqu'à concurrence de 10 0/0, les gardes nationaux mobiles qui, trouvés propres au service, auraient le plus de titres à l'exemption.

« Autant d'adoucissements à la rigueur si malmenée des premières dispositions ; autant de modifications heureuses dont le mérite doit revenir aux efforts combinés de la commission et du conseil d'Etat. Si bien qu'à part deux innovations relatives l'une à la durée du service, l'autre au remaniement de la loi de 1831, sur la garde nationale, ce second projet n'était déjà qu'un acheminement vers la loi du 21 mars 1832 religieusement conservée, pour me servir des termes du rapport, et même restaurée en l'un de ces titres importants, celui du remplacement. Et c'est parce que je retrouve audit projet les dispositions fondamentales de cette loi de 1832 dont j'appréciais, il y a peu d'instants, les effets excellemment bons, que je me suis plus d'un fois étonné des critiques sans mesure dont à l'époque il fut l'objet.

« Il n'entre pas dans ma pensée, rassurez-vous, messieurs, de prendre corps à corps chacune de ces critiques. Pareille tâche, outre qu'elle serait sans doute disproportionnée à mes forces, outre qu'elle ferait évidemment sortir l'argumentation du cadre d'une discussion générale, manquerait désormais d'opportunité.

« Grâce aux modifications récemment opérées, nous n'avons plus à examiner si la réduction de deux années dont eût profité la réserve laissée dans ces foyers n'était pas un bienfait réel destiné à être accepté avec gratitude par les populations urbaines et rurales ; si même neuf ans de service, dont quatre dans la réserve, n'étaient pas préférables, et n'eussent pas été préférés aux sept années anciennes d'activité ; si enfin ce chiffre de huit cent mille hommes, inscrit au frontispice de la loi. non comme une règle pour l'avenir, mais à titre d'appréciation des nécessités du présent, devait ou non paraître exagéré à un peuple de 38 millions d'âmes désireux de ne pas laisser amoindrir le patrimoine de gloire légué par ses pères. Je dirai seulement ceci : sans le trouver entièrement parfait, et tout en admettant que certaines améliorations de détail eussent pu y être introduites dans le cours de la discussion, j'estime que ce second système, que j'appellerai le système de transaction, prenait sincèrement en main la cause des populations, et qu'on devait lui en savoir gré : aussi ne pouvais-je m'empêcher de protester en entendant ses adversaires déclarés porter d'avance à son compte, entre autres chefs d'accusation, la ruine probable de l'agriculture et de l'industrie.

« S'il eût dû en être ainsi, l'initiative de Napoléon III nous aurait-elle saisis de ce projet ? Qui donc se préoccupe davantage du sort des intérêts agricoles que le Souverain, dont la bouche laissa un jour tomber du haut du trône ces mémorables paroles :

« *Les progrès de l'agriculture doivent être l'un des* « *objets de notre constante sollicitude, car de son amé-*

« *lioration ou de son déclin datent la prospérité ou la* « *décadence des empires.* »

« Est-ce ou non à ses hautes inspirations que sont ou seront dus les développements de l'instruction agricole, le prompt achèvement du réseau de la vicinalité, encore la création prochaine de caisses d'assurances en faveur des victimes tombées sur le champ de bataille de l'agriculture et de l'industrie ?

« Pourtant l'honorable M. Magnin, mon compatriote, avait fait du grief précité l'objet d'une interpellation ; il voulait, — plusieurs de ses collègues le voulant également, — que le Gouvernement consultât les conseils généraux sur le projet de loi de reorganisation militaire dans ses rapports avec les intérêts agricoles et industriels et avec le développement de la population.

« L'interpellation fut repoussée par les neuf bureaux, dans cette pensée, je crois, que, si une recherche devait être faite, nul ne pouvait mieux s'en acquitter que les membres mêmes de cette Chambre représentant au premier chef les intérêts de leurs commettants.

« Et d'ailleurs, la vérité sur ce point n'avait-elle pas été consciencieusement sollicitée, l'an dernier, lors d'une enquête spéciale qui demeurera dans le souvenir reconnaissant des campagnes sous le nom d'enquête agricole ? Je fus associé alors, pour ma très modeste part, aux travaux de l'une des nombreuses commissions appelées à fonctionner sur toute la surface de l'Empire, et j'ai encore très présentes à la mémoire les observations consignées sous l'inspiration d'agronomes expérimentés.

« Ceux-là savaient bien, et ils l'ont dit, que le mal de l'agriculture ne doit pas être imputé au recrutement des armées, mais plutôt à cette ardeur intempestive et croissante qui pousse les classes agricoles vers les centres industriels, à ces séductions de mille sortes, grâce auxquelles la ville attire le village, et Paris la province. Voulez-vous, et cela très rapidement, quelques frappants exemples de cette absorption de la bourgade par la cité, du champ par l'atelier ? Eh bien, et sans remonter fort avant dans le siècle, comparez les tableaux de recensement publiés en janvier 1847 avec ceux qui ont paru au commencement de 1867; dans une période de vingt années, vous trouverez, au profit des principales villes de l'Empire, d'étonnantes augmentations. C'est ainsi que Lyon, Marseille, Mulhouse, Saint-Etienne ont à peu près vu doubler leur population ; Lille et Roubaix dépassent cette proportion ; Reims, Toulouse. Bordeaux nombrent par 16, 33, 70.000 le total de leurs accroissements ; le département de la Seine gagne 800.000 habitants.

« Pendant le même laps, les établissements industriels suivent une progression plus marquée encore. Exemple : les groupes d'Ars-sur-Moselle, de Hayange, de Moyeuvre, de Styring-Wendel, montent de 4 à 16 mille âmes ; le Creusot, de 6 à 24 mille : ici la population a quadruplé.

« Ces chiffres qui me reviennent en mémoire sont d'une éloquence indiscutable.

« Donc, si l'agriculture se plaint de la rareté de la main-d'œuvre, qu'elle s'en prenne à l'industrie, sa sœur cadette, qui, par l'appât de salaires plus rémunérateurs, lui enlève la moitié de ses bras ; qu'elle s'en prenne aux compagnies de chemins de fer, véritables compagnies de recrutement qui, elles aussi, ont leur armée non libérable de travailleurs et d'employés, à jamais perdus pour les campagnes ; qu'elle s'en prenne surtout à cette fièvre de l'ambition dont sont saisis tant d'imprudentes abandonnant la houe et la charrue pour aller grossir dans les centres prochains le vaste champ des déclassés.

« Si l'industrie se plaint, et vraiment elle n'a pas tout à fait tort en ce moment, qu'elle accuse l'incertitude des temps, les bruits de guerre, ces vagues inquiétudes signalées par le Souverain, et jusqu'à l'effort de cette concurrence étrangère à laquelle certains métallurgistes de ma connaissance, à tort ou à raison, prétendent avoir été trop abandonnés lors de l'intronisation des principes du libre échange dans les traités de commerce.

« Si le commerce, à son tour, se plaint dans nos départements, qu'il attribue la cause momentanée de ses souffrances à l'irrésistible attraction de cette Exposition universelle dans le giron de qui sont venues se vider toutes les bourses de la province.

« Mais, ni le commerce, ni l'industrie, ni l'agriculture n'eussent été bien venus à mettre en cause une loi qui, en temps de paix, leur laisse le même nombre de bras que devant, car (le rapport du 8 juin l'établit avec une lumineuse clarté) les réserves seules étaient accrues.

« Et cependant, le Gouvernement ne s'est point arrêté là. Entré dans la voie des atténuations, il a voulu la suivre jusqu'aux limites du possible. Le manifeste du 18 novembre nous en donnait la première nouvelle, et vos applaudissements y répondirent ; l'annexe du 12 décembre le complète. Cette fois le retour est définitif à une législation dont l'honorable général Allard faisait ce rare éloge, non moins que mérité, qu'elle suffit à toutes les situations.

« Il ne s'agit plus d'une institution spéciale se rapprochant plus ou moins de la loi de 1832 : c'est la loi de 1832 elle-même, sauf dispositions modificatives. Le chiffre-épouvantail des 800.000 hommes est rayé : comme par le passé, comme depuis la loi du 11 octobre 1830, la Chambre, dans la plénitude de son indépendance, mesurera chaque année l'étendue de son concours aux exigences de la situation. Quant aux modifications réservées, elles se réfèrent, ainsi que dans l'avant-dernier projet, et à la durée du service et à la constitution d'une garde nationale mobile.

« Je n'hésite pas, pour mon compte, à voir dans la première un allégement, une atténuation plutôt qu'une aggravation de l'ancien article 30, dont elle tient la place ; car, à côté de cette disposition plus rigoureuse que le nouveau projet consacre, neuf années de service au lieu de sept, s'affirme ce tempérament qu'en temps de paix les soldats ne pourront être retenus plus de cinq ans sous les drapeaux ; au delà le bénéfice de l'entrée dans la réserve leur est légalement acquis, Eh bien, je ne vous dirai pas, messieurs, l'Empire c'est la paix ; je vous dirai encore moins : l'Empire, c'est la guerre ! l'Empire est tour à tour ou la paix ou la guerre, selon que l'intérêt ou l'honneur du pays l'exige. (*Très bien !*)

« Mais, grâce à la vapeur et à l'électricité, le canon rayé et le fusil Chassepot aidant, l'ère des longues luttes de nation à nation me semble désormais fermée. Maintenant déjà, quand l'horizon se rembrunit, quand la poudre parle, les campagnes de sept jours remplacent les guerres de sept ans ; deux ou trois grands heurts d'armes et d'hommes, et tout est fini. Aussi, sans faire plus de fonds qu'il ne convient sur la sagesse des peuples, à ne s'en fier qu'à la force des choses, on peut je crois, indépendamment de tout optimisme, considérer l'état de paix comme devant être l'état normal de l'avenir de l'Europe, et non seulement en Europe, mais dans le monde. (*Très bien !*) SANS DOUTE, DES CRISES VIOLENTES POURRONT ENCORE LE TROUBLER ; C'EST POURQUOI IL FAUDRA TOUJOURS DES ARMÉES, ET MÊME DE FORTES ARMÉES, — je développerai tout à l'heure mon sentiment à cet égard ; mais ces crises seront de courte durée. A ce point de vu donc, j'estime que la loi de 1832 est loin d'être aggravée.

« Et pour ce qui est de la garde nationale mobile, seule épave un peu effrayante surnageant au naufrage des divers systèmes successivement disparus, d'autres plus compétents ont déjà dit et diront encore si elle est aussi lourde qu'on l'avait d'abord craint, l'obligation de ce service, qui aboutit à des déplacements de douze heures au plus, et cela quinze fois par an, au maximum, dans le cas où l'amendement de la commission serait adopté ; qui, en dehors de cette légère sujétion, laisse au citoyen la plénitude de sa liberté pour tous les actes de la vie civile, y compris le plus important de tous, le mariage ; qui, admettant d'ailleurs la faculté du remplacement, passe, sans l'atteindre, à côté de tout appelé suffisamment familiarisé avec le maniement des armes. De ces derniers le nombre sera grand, car l'exercice de la carabine et du fusil s'acclimate en France ; je n'en veux pour preuve que la formation incessamment poursuivie des compagnies de tir qui s'organisent dans toute la région de l'Est, depuis les *francs-tireurs des Vosges* jusqu'aux *chevaliers dijonnais*, qui ont eu l'honneur de servir de types à nombre de sociétés semblables. Pour les autres moins favorisés, le sentiment du devoir, l'émulation, un certain goût inné chez le Français de jouer au soldat, les soutiendront dans le sacrifice de deux semaines par année qui leur sera demandé, durant cinq ans, mais sous cette triple condition qu'on en choisira bien l'époque, qu'on éloignera pas trop le garde national mobile du lieu de sa résidence, surtout qu'on ne le casernera pas. Il ne faut pas, selon moi du moins, qu'en temps de paix il perde de vue pour plus d'un jour le clocher du hameau ; il faut que, lorsqu'il se retourne, il puisse toujours voir derrière lui le toit de sa chaumière fumer à l'horizon.

« C'est sous le bénéfice de ces modifications, messieurs, que la commission, tout en respectant autant qu'il était en elle les cadres de la vie civile, espère arriver au résultat équitablement compensateur que se proposait déjà la note du 9 mars : réduire le service pendant la paix, l'augmenter pendant la guerre.

Ce but, l'a-t-elle atteint ? C'est à vous d'en décider. En ce qui me concerne, je le crois fermement.

« Et maintenant, à ceux qui, malgré tant de concessions successives faites à l'opinion, seraient encore tentés de taxer de dureté le projet de réorganisation de l'armée tel qu'il se comporte, il serait facile d'opposer, comme termes de comparaison, les exigences autrement rudes du service militaire chez les anciens, celles non beaucoup plus douces que certains modernes, fort de mode cependant, s'imposent encore aujourd'hui, lorsqu'ils décrètent que chez eux tout enfant naît soldat.

« A Athènes, le citoyen servait de 20 à 40 ans ; à Sparte, de 20 à 60 ; à Rome, je parle de la Rome républicaine, de 17 à 40 ; et le fait du service militaire obligatoire était considéré comme un honneur, non comme une charge. Que si, par la pensée, nous franchissons les temps et les distances, nous voyons, de nos jours, LA DURÉE DU SERVICE FIXÉE A 20 ANNÉES EN RUSSIE, A 19 ANS EN PRUSSE... Dans la loi que récemment le

Reichstag votait pour toute la confédération de l'Allemagne du Nord, mêmes sacrifices onéreux sont imposés aux divers âges de la virilité ; car d'armée permanente en réserve, de réserve en landwehr, de landwehr en landsturm, le soldat parti de chez lui à 20 ans se trouvera en compter 42 lorsqu'il obtiendra son congé de libération définitive. Et le législateur, sous sa règle inflexible, courbe instinctivement tous et chacun : CE N'EST PLUS UNE ARMÉE, C'EST EN QUELQUE MANIÈRE LA NATION EN ARMES.

« Nous voilà bien loin sans doute du bail de neuf années éventuellement imposé à nos jeunes appelés, pour le cas de guerre seulement, et dont tant de bienveillantes restrictions adoucissent encore la portée.

« Mais y eût-il, en réalité, pour eux, charge un peu plus pesante que par le passé, faudrait-il s'en effrayer outre mesure ?

« N'oublions pas, messieurs, que deux intérêts se rencontrent qu'il s'agit de concilier : celui de l'individu, celui de la nation.

« Si l'intérêt des individus, pris séparément, *ut singuli*, semble protester contre l'aggravation de cet impôt le plus lourd de tous, l'impôt du sang, par contre, la nation, qui, elle, n'est autre chose que le faisceau collectif de ces unités, de ces individualités, n'a-t-elle pas aussi parfois des exigences parallèles et en apparence contraires auxquelles de toute nécessité il faut satisfaire ?

« A côté de la joie du foyer, il y a l'honneur du drapeau ; à côté de la voix de la famille, il y a l'appel sacré de cette autre famille de tous les Français, qu'on appelle la patrie ! (*Très bien !*)

« L'honneur du drapeau ! je sais bien qu'il y a quelques mois, l'un de nos honorables collègues, essayant d'établir une sorte d'antithèse entre certain bon sens qui, évidemment, n'est pas d'origine gauloise, et l'honneur national, affirmait, non sans courage, que ce dernier n'est qu'un mot, un mot élastique ; mais je me souviens aussi qu'à ne le prendre que pour un mot — le devait-il à cette prétendue élasticité ? — ce mot eut du moins le privilège de rebondir et de revenir jusqu'à l'orateur en bruyantes exclamations parties de vos rangs. Et il en sera de la sorte, messieurs, chaque fois que devant une Chambre française on vaudra toucher, même avec les meilleures intentions et d'une main discrète, à ces grandes images d'honneur national, d'honneur, du drapeau où respire et palpite l'âme même de la nation. (*Très bien* !)

« La patrie ! ai-je encore dit. A quoi quelques-uns répondent, comme tout à l'heure : La patrie ! soit ! qu'on vole à son secours lorsqu'elle est en danger. Mais aujourd'hui, qui donc la menace ? Lorsque retentit encore l'écho triomphalement pacifique d'une exhibition qui demeurera sans rivale dans les fastes du progrès moderne, quel bruit de guerre cherche à l'étouffer ? En présence des solennelles déclarations du Gouvernement, quel prophète mal inspiré s'obstine à jeter, comme un cri d'alarme, le *caveant consules* de la cité antique?

« Certes, messieurs, ce n'est pas au lendemain du jour où tous les souverains de l'Europe se sont donné rendez-vous au banquet de l'hospitalité parisienne qu'il convient de réveiller des échos de guerre momentanément assoupis, ou d'admettre de belliqueuses éventualités. Et pourtant, j'entrevois toujours ce mirage de prévisions sinistres qu'avec un incontestable talent l'honorable M. Larrabure faisait apparaître devant nous, vers la fin de la session dernière, et qu'avec grande raison l'honorable M. Picard qualifiait de tableau sombre! Il y avait, il y a peut-être encore du vrai dans ce tableau. Pour s'en assurer, point n'est besoin de s'arrêter attentif aux convulsions du Vésuve et de l'Etna; la lave qui bouillonne inquiète au fond de leurs cratères n'est pas la plus dangereuse à la France. Pour s'en assurer, dis-je, IL SUFFIT D'AVOIR PASSÉ QUELQUES MOIS, ainsi que je viens de le faire moi-même, SUR NOS FRONTIÈRES DE L'EST. C'est une manière comme une autre, et plus intéressante que beaucoup d'autres, d'utiliser ses vacances.

« Eh bien, vers ces parages où la France finit, où commence l'Allemagne, si grande que soit la bonne volonté de fermer l'oreille aux bruits qui traversent le grand fleuve, force est parfois d'entendre, sans même écouter; et QU'ENTEND-ON? DES EXALTÉS, DANS L'ENIVREMENT PROLONGÉ DE VICTOIRES INESPÉRÉES, NE CRAINDRE POINT DE DISCUTER FROIDEMENT LA POSSIBILITÉ D'UNE ANNEXION DE LA

Lorraine ou de l'Alsace a la patrie allemande ; des gazetiers de Berlin demander, avec une gravité comique, qu'en compensation de l'évacuation si douloureuse pour eux de la citadelle de Luxembourg, les fortifications de Thionville, de Metz, de Longwy, soient démantelées, des soudards, le poing sur la hanche, se donner rendez-vous sous les murs de Paris et promettre a leurs chevaux de les faire désaltérer, au printemps prochain, dans les eaux de la Seine (1) ; et tant d'autres fanfaronnades, et tant d'autres insupportables jactances qui surexcitent le patriotisme de nos braves Mosellans, et les laissent tout frémissants, à égale distance de l'indignation et de la pitié.

« N'accordons pas, je le veux bien, plus d'importance qu'elles n'en méritent à ces rumeurs qui montent sur des nuages de fumée du fond des brasseries germaniques; semblables prétentions ne datent pas d'hier chez nos bons voisins les Allemands. En 1815 déjà, la Prusse, puisqu'il faut l'appeler par son nom, réclamait qu'on lui livrât Metz et Longwy, Thionville et Montmédy. Aujourd'hui, mieux qu'alors, on pourrait lui répondre : « Venez les prendre ! »

« Laissons au Becker du jour l'innocente satisfaction d'entonner à pleins poumons leurs couplets du Rhin Allemand ; accueillons par un sourire les manifestations naïves de cet enthousiasme de landwehr, qui se traduit

(1) Autant de sinistres rêves réalisés, grâce à Gambetta et à ses complices !

et se résume dans un refrain dont la modestie n'est pas précisément la note dominante :

« Allemand au-dessus de tout,
« Au-dessus de tout dans le monde ! »

« MAIS ENFIN, IL FAUT BIEN EN CONVENIR, UN FAIT S'EST ACCOMPLI, QUI DOMINE LA SITUATION, ET QUI, S'IL N'A PAS ROMPU L'ÉQUILIBRE DE L'EUROPE, L'A DU MOINS SINGULIÈREMENT ÉBRANLÉ.

« Est-il besoin de rappeler ce fait, après les magnifiques tournois d'éloquence auxquels nous venons d'assister ? Trois mois y suffiront.

« UNE NATION METTANT EN PRATIQUE, AVEC UN RARE BONHEUR, LE SYSTÈME DES CONQUÊTES ET DES ANNEXIONS VIOLENTES, A IMAGINÉ, EN PLEIN XIXe SIÈCLE, DE SUBSTITUER LA DOCTRINE DE LA FORCE AUX PRINCIPES TUTÉLAIRES DU DROIT. A l'encontre de notre France qui, dans sa générosité native (d'autres diront naïve), combat pour le compte d'autrui, et ne demande pour sa part de butin que la gloire qui en rejaillit à son front, LA PRUSSE, ELLE, N'A SEMÉ LA GUERRE QUE POUR RÉCOLTER DES SCEPTRES ET DES COURONNES. CINQUANTE ANS DE SOURDE ORGANISATION, DE PRÉPARATIFS SILENCIEUX ET PERSÉVÉRANTS, ONT ABOUTI A LA SANGLANTE JOURNÉE DE SADOWA. AU CONTRECOUP DE CETTE RUDE COMMOTION, DES TRÔNES SE SONT ÉCROULÉS, DES ROYAUMES ONT DISPARU, DES VILLES LIBRES ONT INCLINÉ LEURS FRONTS SOUS LE NIVEAU DE L'HÉGÉMONIE PRUSSIENNE. Ne voyons là, d'ailleurs, ni violation du droit de peuples, ni coupable ambition de conquérant; DANS LE VOCABULAIRE DES ANNEXIONS MODERNES, CELA S'APPELLE UNIFIER, CELA S'APPELLE SATISFAIRE AUX ASPIRATIONS DES NATIONALITÉS. Ce n'est pas non plus le lieu d'examiner si, ou non, de tels événements eussent pu et dû être conjurés par notre intervention. A quoi sert-il de récriminer contre un passé qui nous échappe? Le plus sage n'est-il pas de s'incliner devant la brutalité du fait accompli? Mais du moins, et PLUS QUE JAMAIS, UN DEVOIR NOUS INCOMBE, CELUI D'ASSURER LA SÉCURITÉ DE NOS FRONTIÈRES EN ASSURANT L'EXÉCUTION DES TRAITÉS, EN PRÉVENANT PAR UNE ATTITUDE DÉTERMINÉE LE RETOUR DE SEMBLABLES ÉVENTUALITÉS, CELUI DE GARDER A NOTRE PAYS SON RANG, SON INFLUENCE DANS LE CONCERT DES NATIONS, EN MAINTENANT INTACT LE PRESTIGE DE SES ARMES.

« Or, du choc des deux grandes puissances de l'Allemagne, une lueur s'est dégagée, qui instantanément a éclairé les esprits; la foudroyante campagne de Bohême allait porter ses fruits. En présence d'une organisation militaire exceptionnelle s'appuyant sur de formidables engins de combat, les nations, justement émues, des monts Ourals aux Apennins, ont toutes plus ou moins senti la nécessité de réorganiser leurs troupes et de modifier le système de leurs armements. Que telle soit la préoccupation presque exclusive du moment, qui oserait le nier? EN DÉPIT DES TRAITÉS DE PAIX ÉCLOS SUR LES TAPIS DE LA DIPLOMATIE EUROPÉENNE, N'AVONS-NOUS PAS VU, TOUT A L'ENTOUR DE NOUS, DES PRÉPARATIFS CONSI-

DÉRABLES SE POURSUIVRE? NE VOYONS-NOUS PAS PEUPLES ET SOUVERAINS RIVALISER DE ZÈLE A AUGMENTER LA FORCE DE LEURS CONTINGENTS? L'EXEMPLE FATALEMENT DONNÉ EST AVEUGLÉMENT SUIVI. Les neutres eux-mêmes ne s'abstiennent pas. Citerai-je des noms? Je n'aurai que l'embarras du choix (*Bruit.*)

« Ici, la Belgique, insoucieuse de sa neutralité, renforce de 20.000 hommes l'effectif de sa petite armée. Là, le roi des Pays-Bas, ouvrant, en septembre, ses états généraux, annonçait la présentation d'un projet de loi tendant à modifier l'organisation de la milice nationale, et à porter de 11.000 à 14.000 hommes le contingent annuel, de façon à élever le chiffre total des forces néerlandaises de 55 à 70.000 combattants.

« De ce côté, le gouvernement italien, en dépit de l'écrasement de ses finances, décidait, un peu avant les derniers événements, que ses 45 bataillons de bersaglieris seraient munis de la carabine à aiguille : 22 en ont déjà reçu. De cet autre, la Prusse, voulant enchérir sur son invention première, salue, sous le vocable de fusils à grenades, la naissance d'un nouveau procédé de destruction. Au souvenir de la campagne de sept jours, sa voisine l'Autriche vote sa loi militaire et poursuit fraternellement des essais de tir avec une certaine pièce, *la mitrailleuse* (1), modèle du genre, dont on dit merveille. Je pourrais multiplier ces détails, en continuant

(1) Je fus le premier à prononcer, à la Chambre, le nom d'un engin si célèbre depuis.

à dérouler devant vous la carte de notre continent.

« EH BIEN, LORSQUE, DE TOUTES PARTS, L'EXEMPLE NOUS ARRIVE, QUAND LA VIEILLE EUROPE, PRISE D'UN SOUDAIN VERTIGE, SE RUE AVEC FUREUR EN D'IMMENSES PRÉPARATIFS GUERRIERS, POUVONS-NOUS RÉSISTER AUX ENTRAINEMENTS DU COURANT, SANS ABDIQUER QUELQUE CHOSE DE CE DROIT DE LÉGITIME DÉFENSE QUI EST LE PREMIER DEVOIR D'UNE NATION ? POUR MA PART, JE NE LE PENSE PAS.

« Sans doute, l'organisation actuelle de nos armées a suffi jusqu'ici. Magenta, Solférino, le prouvent surabondamment, et rien, Dieu merci, ne nous autorise à supposer que, huit ans écoulés, il en fût autrement. On a fait grand bruit de l'invention prussienne : mais *la poudre n'est pas aussi terrible qu'on le croit ;* cest un mot du maréchal de Saxe qui donne ainsi raison à cette opinion de tous les grands capitaines, depuis Gustave-Adolphe jusqu'à Napoléon Ier, que la guerre est dans les jambes du soldat, c'est-à-dire dans l'emploi *intelligent et rapide* de l'arme blanche de l'infanterie. *In pedite robur.* Or la baïonnette, n'en déplaise au fusil à aiguille, est toujours l'arme française, et nos zouaves, après comme avant Sadowa, demeurent encore les premiers soldats du monde. J'en appelle au souvenir de tous ceux de nos honorables collègues qui assistaient l'été dernier à une mémorable revue. Ils n'ont point oublié, sans doute, de quel hommage les hôtes augustes de la France saluaient ces bataillons éprouvés qui tour à tour défilaient devant eux, agitant leurs drapeaux noircis de poudre, troués de balles, hachés par la mitraille. Une nation qui, à un moment donné, produit de tels hommes, groupe de semblables trophées, a certes bien le droit d'être confiante en elle-même ; fière du passé, forte du présent, pleine d'espoir dans l'avenir, elle peut abandonner son cœur aux tressaillements d'un légitime orgueil. Toutefois, s'il est bon de compter pour beaucoup les élans de cette *furia francese* dont tous les champs de bataille de l'univers ont été tour à tour les témoins convaincus, nous ne devons pas tenir pour rien les questions de chiffres et d'armes. L'ART MILITAIRE A SES OBLIGATIONS ARITHMÉTIQUES, SES NÉCESSITÉS PÉRIODIQUES DE TRANSFORMATION D'ÉQUIPEMENT, COMME IL A SES PRINCIPES CERTAINS ET SES RÈGLES DÉFINIES. IL NE FAUT PAS QUE L'EXAGÉRATION D'UN LOUABLE SENTIMENT DE CONFIANCE DANS NOTRE VALEUR PERSONNELLE OU DANS LA FORTUNE DES COMBATS NOUS AVEUGLE AU POINT DE NOUS CONSTITUER VIS-A-VIS DE NOS ADVERSAIRES DANS UN ÉTAT D'INFÉRIORITÉ NUMÉRIQUE PAR TROP ACCUSÉ.

« UNE VOIX. — Voilà la question !

« M. STÉPHEN LIÉGEARD. — Ici, messieurs, j'ai entendu une objection ; elle s'est produite bien des fois, cette année. Elle peut se ramener à ce dilemme : ou la paix confirmée par les déclarations successives du Gouvernement n'est pas une ombre vaine destinée à s'évanouir au premier vent qui soufflera des rives du Tibre ou des bords du Rhin, et, dans ce cas, il ne sert de rien d'entretenir une armée disproportionnée aux exigences de la situation ; ou la guerre sortira du nuage, mais une guerre défensive, et, dans cette seconde hypothèse, même inutilité d'armées permanentes, car la France se lèverait alors dans son saint enthousiasme pour refouler loin d'elle tout essai d'envahissement.

« Pour ce qui est du premier terme du dilemme, je crois fermement à la volonté de l'Empereur d'éloigner de nous un fléau destructif de toute prospérité. JE NE PUIS CEPENDANT, JE L'AVOUE, DEMEURER, A CET ENDROIT, COMPLÉTEMENT EXEMPT D'APPRÉHENSION. L'IMPRÉVU OCCUPE UNE SI LARGE PLACE DANS LE CALCUL DES PROBABILITÉS HUMAINES ! Et vraiment, ce me semble moins que jamais le cas de la lui disputer. CAR ENFIN, SI LA GUERRE N'EST NULLE PART DANS LA VOLONTÉ DES GOUVERNANTS, IL FAUT BIEN CONVENIR EN REVANCHE QU'ELLE SE TROUVE UN PEU PARTOUT AILLEURS, NE FUT-CE QU'A L'ÉTAT LATENT. Voulussions-nous ne point apercevoir trace des points noirs qu'un discours retentissant signalait naguère à l'horizon, nous pourrions difficilement chasser de nos yeux les images belliqueuses qui les obsèdent. LA GUERRE ? TOUS LA REDOUTENT, PERSONNE N'EN VEUT, MAIS CHACUN LA PRESSENT. La guerre ? mais elle est dans les préoccupations des grands Etats, comme dans les craintes des petites principautés ; mais elle est dans l'air que nous respirons, comme elle était encore, il y a peu de jours, dans ce palais de l'union des peuples redevenu Champ de Mars, alors qu'elle s'abritait sous les caissons de formidables batteries ou qu'elle y trônait sur l'affût du canon géant (1); comme elle était aussi jusqu'en cette fête

(1) Le fameux canon Krupp dont riaient les Parisiens,

splendide du couronnement des arts, donnant sa note à une inspiration puissante qui, vous vous en souvenez, messieurs, sous le nom d'*Hymne de la Paix* (1), préludait par le clairon pour aboutir à une canonnade et à un tocsin. La guerre ? mais une fois de plus, et à une date plus récente, ne s'est-elle pas jouée des calculs de ceux qui la voulaient proscrire en prenant à côté du général Garibaldi la présidence du congrès de la paix, de ce congrès fameux qui, rompant en visière avec le trône et avec l'autel, prétendait fonder le sanctuaire de la concorde universelle sur les ruines de toutes les institutions divines et humaines? Et dans cette revue rapide de symptômes qui ont leur valeur, je ne touche ni à l'Italie gorgeant de canons son quadrilatère, NI A CETTE ALLEMAGNE GROSSE DE TEMPÊTES ! Tous ces faits et bien d'autres que je supprime, pour ne point abuser de votre attention, sont des signes du temps non équivoques : or ces signes nous avertissent de nous tenir sur nos gardes.

« Et c'est alors qu'avec le second terme du dilemme précédemment posé, apparaît la théorie de la levée en masse : c'est alors que l'honorable M. Garnier-Pagès, se faisant l'interprète d'une opinion qui a ses adhérents, nous dit :

« Plutôt que de nous épuiser chaque année, plutôt « que d'acccoître la dette chaque année, ne vaudrait-il

en attendant qu'ils lui servissent de point de mire !

(1) L'une des dernières œuvres de Rossini, écrite spécialement pour cette solennité féerique.

« pas mieux, lorsque le danger se présente, ne vaudrait-« il pas mieux avec des finances bien organisées, faire « appel au pays, qui vous répondra si vous n'êtes pas « inspirés par un esprit de conquête, si vous ne voulez « que remplir le devoir sacré d'assurer la défense du « pays ? N'hésitez pas, faites comme en Amérique, de-« mandez une levée en masse de tous les citoyens..., et « soyez tranquilles, rien ne vous manquera : vous aurez « de l'argent et des hommes ; car, ne l'oubliez pas, « vous êtes à la tête d'un pays qui, en face de l'étranger, « en tout temps, pour défendre son indépendance me-« nacée, a sacrifié et son dernier homme et son dernier « écu. »

« Belles paroles, sans doute, messieurs, qui n'ont qu'un défaut : celui de vouloir construire une règle générale, avec quelques exceptions qui brillent çà et là, disséminées au travers de l'histoire des peuples. Faites appel au pays, le pays vous répondra, prétendez-vous ? Je l'admets, sans qu'il me soit besoin de recourir aux pétitions qui se sont produites pour l'affirmer, encore moins à l'exemple du nouveau monde.

« Oui, aujourd'hui comme en 92, aujourd'hui comme à toutes les périodes critiques ou glorieuses de ses annales, la France n'aurait qu'à frapper du pied pour que le sol se couvrît de soldats ; oui, tous les enfants de la mère-patrie, répondant à son appel, voleraient à la frontière dans un même élan de filial dévouement. Je le crois fermement ; je le crois, mais j'ajoute immédiatement que C'EST LA UN MOYEN EXTRÊME, que C'EST LA UN EXPÉ-

DIENT PLUTÔT DIGNE DU PATRIOTISME QUE DE LA PRÉVOYANCE D'UNE GRANDE NATION. Oui, le Languedoc et la Provence viendraient au secours de la Lorraine et de l'Alsace menacées, ne fût-ce que pour rejeter une bonne fois de l'autre côté du Rhin, notre frontière naturelle, d'insatiables ambitions.

« MAIS VIENDRONT-ILS ASSEZ RAPIDEMENT (1), CES FILS DU RHÔNE ET DE LA GARONNE ? MAIS VIENDRONT-ILS AVEC DES MILICES SUFFISAMMENT EXERCÉES ? MAIS CETTE LEVÉE EN MASSE, COMMANDÉE PAR LA NÉCESSITÉ ET RÉALISÉE PAR LE PATRIOTISME, OFFRIRA-T-ELLE LA GARANTIE D'UNE CONTINUITÉ D'EFFORTS NÉCESSAIRE A PRÉPARER LE SUCCÈS ET A EN ASSURER LES RÉSULTATS, LA VICTOIRE UNE FOIS OBTENUE (2) ? AH ! ICI, MESSIEURS, JE COMMENCE A DOUTER PROFONDÉMENT ; ET QUAND ON M'OBJECTE L'EXEMPLE DU PASSÉ, JE RENVOIE A PLUS COMPÉTENTS QUE MOI POUR SAVOIR SI LES TEMPS NE SONT PAS CHANGÉS ; S'IL EST BIEN PRUDENT A UN AGE DE COMPTER SUR LA REPRODUCTION EXACTE DES MIRACLES D'UN AUTRE AGE ; SI LES LEÇONS DONNÉES A L'ENNEMI PAR NOS PÈRES ET PAYÉES JADIS D'UNE MOISSON DE LAURIERS N'ONT PAS PRODUIT A LEUR TOUR CHEZ LES VAINCUS DE REDOUTABLES ÉLÈVES ; SI, ENFIN, LES CONDITIONS DE LA GUERRE S'ÉTANT MODIFIÉES, IL NE CONVIENT PAS DE MODIFIER, DANS DES PROPORTIONS IDENTIQUES, ET LE CHIFFRE DES COMBATTANTS, ET LES MOYENS D'ATTAQUE ET DE DÉFENSE USITÉS JUSQU'ICI.

(1) Ils ne sont pas venus du tout !

(2) Cinq mois de défaites ont répondu à ce point d'interrogation.

« Est-ce à dire maintenant que, ces prémisses posées on doive forcément en déduire la conclusion suivante l'influence d'une nation dépend du nombre d'hommes qu'elle peut mettre sous les armes? J'avoue que je ne saurais aller jusque-là. Il en est de cette maxime comme de tant d'autres, dont la vérité est essentiellement relative.

« N'y aurait-il pas une autre thèse plus facile à soutenir et plus vraie, à savoir que les siècles dont l'assentiment des générations a consacré la grandeur doivent moins cette épithète de *grands* au prestige des armées qu'à l'éclat des lettres, des sciences, des arts, qu'au rayonnement de leurs institutions? Et à ne prendre, en passant, qu'un exemple dans l'antiquité, celui de l'Attique, quel pauvre pays, pour qui se contente d'en métrer la superficie ou d'en dénombrer les milices! Si j'affirme que sa surface n'égalait pas la moitié de celle du plus petit de nos départements, et qu'à la bataille de Marathon elle put mettre à peine 10.000 hommes sous les armes, l'éminent ministre de l'instruction publique (1) ne me démentira certes pas; car c'est lui qui nous l'apprend dans un de ses ouvrages les plus justement populaires. Et pourtant cette Athènes si modeste par le chiffre de ses oplites, si grande par le génie de ses enfants, mieux que le légionnaire romain a su faire la conquête du monde, puisque de sa poussière brillante est sortie la civilisation de l'Occident tout entier. L'influence

(1) M. Duruy.

d'une nation, selon moi, dépend non d'une seule cause, mais de causes multiples, au nombre desquelles l'élément militaire tient évidemment sa place ; seulement, et voici ma réserve, l'étendue de cette place doit varier au gré des temps et des circonstances ; restreinte si l'horizon est pur, plus largement calculée si des points noirs apparaissent à l'horizon ; absorbante même, quand ces points noirs se transforment en nuages.

« OR, QUAND AU SPECTACLE DE L'ITALIE FRÉMISSANTE SE JOINT POUR MOI, DE L'AUTRE CÔTÉ DU RHIN, LA PERSPECTIVE D'UNE ARMÉE DE 1.100.000 HOMMES (1) PRÊTS A SE GROUPER AU PREMIER SIGNE SOUS LA BANNIÈRE DU CHEF DE LA CONFÉDÉRATION DU NORD, JE NE CROIS PAS QU'ON DOIVE MARCHANDER A NOTRE GOUVERNEMENT L'ACCROISSEMENT DE FORCES QU'IL SOLLICITE. IL FAUT LES LUI DONNER, NON DANS UN BUT DE CONQUÊTES, MAIS COMME MOYEN DE DÉFENSE NATIONALE ; il faut les lui donner, non sans esprit de retour, mais avec l'espoir que ce n'est là qu'un sacrifice essentiellement provisoire, essentiellement temporaire, car je le reconnais avec mes honorables contradicteurs, la raison humaine ne peut admettre la durée prolongée d'un pied de paix qui transforme l'Europe en un vaste camp retranché et palissadé, avec un effectif de 2.800.000 hommes pour l'entretien desquels ses diverses nations tirent annuellement de leurs trésors respectifs la somme véritablement exorbitante de 80 millions

(1) Etait-ce là, oui ou non, UNE FANTASMAGORIE DE CHIFFRES ?

de livres sterling (2 milliards), — le calcul a été fait en Angleterre.

« Messieurs, en quelques mots, je me résume et je conclus.

« En adoptant la loi dont la discussion vient de s'ouvrir, IL N'EST NULLEMENT QUESTION, à mon point de vue du moins, DE NOUS TRANSFORMER EN UN PEUPLE DE SOLDATS, de nous *encaserner*, suivant la récente expression d'un orateur illustre, encore moins d'élever l'ombre même d'une menace contre l'autonomie ou l'indépendance des nations voisines. La France est assez grande, désormais, sans qu'elle ait à rêver d'autres conquêtes que celles qu'elle réalise chaque jour dans le monde par la force des idées, par la diffusion des lumières, par l'initiative du progrès en toutes choses. Il s'agit uniquement pour elle, et temporairement, espérons-le, de mettre ses armements militaires au niveau de ceux des autres puissances ; ce faisant, elle n'aura ni arrière-pensée d'intervention tracassière, ni projet d'opposition mesquine au jeu régulier du développement des nationalités. Mais alors elle sera plus autorisée encore pour rappeler au souvenir de la foi jurée quiconque, dans un accès de vanité nationale, tendrait à s'en écarter ; mais alors elle sera plus forte pour défendre par le canon les traités qui portent sa signature glorieuse, et que le canon aurait la fantaisie de vouloir déchirer ; MAIS LE JOUR OU UNE NATION VOISINE, AVIDE DE COMBATS ET DE CONQUÊTES, PÈSERAIT SUR SES FRONTIÈRES DU POIDS DE DIX ÉTATS ABSORBÉS, CE JOUR-LA, MARCHANT A SA RENCONTRE, DANS SA FORCE, DANS SA DI-

GNITÉ, ET LUI BARRANT LE CHEMIN AVEC UN MILLION D'HOMMES, ELLE SERAIT EN MESURE DE RÉPONDRE A SON CRI DE BATAILLE : TU N'IRAS PAS PLUS LOIN !...

« Autant que personne, messieurs, j'appelle de tous mes vœux la suppression de ce fléau barbare qui se nomme la guerre. Loin de moi cette parole sombre d'un politique allemand : « *Ce n'est pas par des discours et « des votes de majorité que peuvent se résoudre les « grandes questions de l'époque, mais par le fer et le « sang* (1) *!* » Le sang répandu n'a jamais fait faire un pas à la civilisation. Sans admettre la perfectibilité indéfinie de l'homme, je crois aux bienfaits de l'union des peuples, et je crois cette union possible ; mais avant que le triomphe universel de la saine raison s'établisse à la voix de quelque grand congrès européen, avant que le rêve généreux de l'abbé de Saint-Pierre descende du royaume des chimères dans le domaine de la réalité, bien des mois, bien des années peut-être s'écouleront, hélas !...

« Jusque-là, contentons-nous de mettre en pratique l'adage célèbre : *Si vis pacem para bellum :* c'est-à-dire préparons-nous sérieusement à la guerre, afin d'asseoir sur des bases solides, inébranlables, le règne si désiré de la paix (*Très bien !*). Un pays justement soucieux de ses intérêts ne saurait demeurer désarmé ; que le nôtre, prêt à toute éventualité, soit semblable à la Minerve antique, qui d'une main tenait la lance, et de l'autre,

(1) Il faut en convenir : nous étions dûment prévenus !

l'olivier ! Car, lui aussi, il a juré dans son cœur le serment que prêtait le jeune Athénien en recevant ses armes : « Je combattrai pour tout ce qui est saint et « sacré, seul ou avec beaucoup, et je ne rendrai point à « ceux qui nous succèderont ma patrie moindre que je « ne l'aurai reçue, mais plus grande et plus forte. » (*Mouvement. — Très bien ! très bien !*)

« Dans cet ordre d'idées, et sous le bénéfice de ces observations, je voterai la loi nouvelle.

« Je me fie assez aux sentiments des vaillantes populations que j'ai l'honneur de représenter sur ces bancs, pour croire que mon vote, ainsi formulé, est bien le leur ; mais eussé-je, à ce sujet, une incertitude que je n'ai pas, prenant pour guide ma conscience seule, je n'hésiterais point, pas plus que vous n'hésiterez sans doute vous-mêmes, messieurs, à donner cette preuve de confiance à l'Empereur et à mon pays (*Vives et nombreuses marques d'approbation*). »

TABLE DES MATIÈRES

IMPRIMERIE DU XXe SIÈCLE, PARIS

www.ingramcontent.com/pod-product-compliance
Ingram Content Group UK Ltd.
Pitfield, Milton Keynes, MK11 3LW, UK
UKHW020442200726
13857UKWH00002B/539